오늘의문학시인선 364 (회갑기념 감사 시집)

아름다운 삶이고 싶다

以善 백승철 시집

오늘의문학사

Ἐϒώ είμι τὸ Ἄλρα καί τὸ Ὦ, λέϒει κύριος ὁ θεός, ὁ
ὤν καί ὁ ἦν καί ὁ έρκόμενς, ὁ πανίοκράίωρ.

주 하나님이 이르시되 나는 알파와 오메가라
이제도 있고 전에도 있었고 장차 올 자요
전능한 자라 하시더라.(계 1:8)

국립중앙도서관 출판시도서목록(CIP)

아름다운 삶이고 싶다 : 백승철 시집 / 지은이: 백승철. --
대전 : 오늘의문학사, 2016
p. ; cm. -- (오늘의문학시인선 ; 364)

ISBN 978-89-5669-732-1 03810 : ₩8000

한국 현대시[韓國 現代詩]

811.7-KDC6
895.715-DDC23 CIP2016000468

아름다운 삶이고 싶다

시집 '아름다운 삶이고 싶다'는 나의 장애를 극복하고자 하는 소망을 담은 시집이다. 앞으로 나를 더욱 사랑하고, 더욱 챙기면서 살아가야겠다고 다짐을 한다. 그래야 남도 사랑하게 되고, 소중히 여기게 될 것이기 때문이다.

나는 원래 공주대학교 국어교육과를 나와 교직에 몸을 담고 태안고등학교에서 광석중학교에 이르기까지 제자를 가르치는 일을 보람으로 삼아 왔다. 그러나 2004년 1월 17일 불의의 교통사고로 인해 뇌병변 2급이라는 장애인 판정까지 받았다. 나는 전에 남을 위해서 봉사활동을 할 수 있어도 내가 장애인이 되리라는 것은 꿈에도 생각하지 못한 일이었다. 인생을 그래프로 그리라면 산꼭대기에서 천길 낭떠러지기로 떨어진 비운의 운명이었다. 이것을 누구를 탓하며 원망하겠는가?

내가 지불평(地不平: 장애인)의 삶을 살아온 것도 10년이 넘는다. 내가 지금까지 살아온 것을 한 마디로 표현하라면, '살아온 기적, 살아갈 기적'이란 말밖에는 달리 표현할 말이 없다. 10년이면 강산이 변한다고 했는데 나의 삶에도 어찌 변화가 없겠는가. 두날개양육시스템에 따라 전인적치유수양회에서부터 재생산 훈련까지 훈련을 받아 강한 그리스도의 군사가 되었으며, 곧 이어서 총회직영사이버신학교에 진학하여 강도사 고시와 목사 고시까지 합격하였다. 목사 고시에 합격하면 당연히 목사 안수를 받고, 교회를 개척해야 하겠으나, 발음이 어눌하여 다음에 받겠다고 미루었다. 지난 겨울계절학기 때 학장님에게 여쭈어보니 소명이 있으며 언제든지 받을 수 있지만, 강도사 직분으로도 얼마든지 하나님의 말씀을 전할 수 있다고 하셨다.

옥한흠 목사의 저서에 '고통에는 뜻이 있다.'라는 글이 있다. 그는 거기에서 "'내가 가는 길을 그가 아시나니 그가 나를 단련하신 후에는 내가 순금 같이 되어 나오리라.'(욥 23:10) '그가 시험을 받아 고난을 당하셨은즉 시험 받는 자들을 능히 도우실 수 있느니라.'(히 2:18)는 성경말씀을 인용하면서, '하나님께서는 신자에게 주신 사명 가운데 하나는 고통당하는 자를 위로하는 것입니다, 이 사명을 감당할 자격자는 이미 고통을 경험한 자가 아니면 안 된다고 성경은 가르칩니다."라고 하신다.

어떤 사람이 바닷가를 걸을 때, 지나온 길엔 두 발자국이 있는데, 내가 아플 때 발자국이 하나밖에 보이지 않았다. 왜 그런가 하고 하나님께 물어 보았더니 그때 하나님께서는 이렇게 말씀하셨다. 그것은 바로 '내가 너를 안고 가기 때문이다.'라는 것이다. 하나님은 나와 항상 동행하신다. 그래서 가는 길엔 두 발자국이 있다. 그런데 내가 힘들 때는 한 발자국만 보였다. 왜 그런가 하고 알아봤더니 내가 힘들 땐 하나님께서 안고 가셨기 때문이었다. 그러면 나는 여기서 반문하지 않을 수 없다. 나는 어떻게 하고 있는가를. '지금 내가 다리가 아프다고 하나님께서 안고 가시는 것은 아닙니까?'하고 말이다.

나는 재활의 기쁨을 세상에 전할 수 있도록 나에게 시련을 주신 것이라고 생각해 본다. 돈을 잃으면 조금 잃은 것이요, 명예를 잃으면 많이 잃은 것이요, 건강을 잃으면 다 잃은 것이라 했으니, 나야말로 나의 몸을 지키지 못한 죄인일 따름이다. 그것을 용서해 달라고 회개 기도한다. 사람의 어려움은 견딜 만큼만 준다고 하였다.

우리말에 '고진감래(苦盡甘來)'라는 말이 있듯이 기독교에서는 믿음만이 능력이라고 하였다. 나는 그것을 믿고 재활의 기쁨을 세상에 전하고 아울러 복음도 전하는 일을 하련다. 나아가 유능한 셀리더가 되어서 구역모임을 자꾸 번식시키겠다. 그것이 나의 사명이고 참다운 열매가 되리라고 생각한다. 비록 건강은 잃었지만 글 쓰는 능력을 남겨주신 은혜에 감사한다. 나에게 남아있는 달란트를 사용해서 은사중심의 사역을 다 하겠다. 그래서 나는 건양대와 문예회관에서 주최하는 가족백일장에서 시를 써서 장원을 하였으며, 제2회 충남장애인신문에서 주최하는 생활수기에 응모하여 대상작에 입선하였으며, 급기야 기독교문예 신인작품상에 등단하였다.

신약성경에 나오는 인물 중에 복음을 위하여 사도 바울만큼 고난을 많이 당한 사람이 많지 않다. 고난이 너무 혹독하고 감당하기 어려워 살 소망까지도 끊어졌으며, 마치 마음에 사형선고를 받은 것과도 같았다고 고백을 하고 있다. 그러나 이런 어려운 상황 가운데 어울리지 않게 입을 열 때마다 강조한 말은 '감사'였다. 바울은 자신의 모든 서신에서 범사에 감사할 것을 반복적으로 강조하고 있다.

이 사도바울의 감사를 한 마디로 표현하라고 하면 '가시 감사'라고 할 수 있다. 그는 몸에 육체의 가시를 지녔는데, 이는 다름 아닌 몸의 질병이었다. 이 육체의 가시로 인하여 그는 늘 괴로워하였다. 그래서 그는 복음 전파를 방해하는 육체의 가시를 제거해 달라고 반복적으로 기도하였다. 그런데 주님의 응답은 가시를 제거해 주신 것이 아니라, '내 은혜가 네게 족하다.'를 깨닫게 하여 주셨다.

이처럼 주님을 신뢰하지 않고는 감히 입에서 나올 수 없는 감사가 바로 '가시 감사'이다. 장미꽃 감사가 어린아이의 감사라고 하면 가시 감사는 성숙한 사람만이 드릴 수 있는 차원 높은 감사인 것이다. 열 손 가락 중 한 손가락에만 가시가 박혀도 그것에 신경이 쓰여 다른 것을 생각할 겨를이 없다. 바울은 진심으로 자신의 육체의 가시를 주님의 은혜라고 말한다. 나도 바울처럼 언젠가는 감사기도로써 세상을 이기고 앞으로 나아갈 것이다. 믿음, 사랑, 희생만이 능력이라고 하였듯이 나는 군건한 믿음으로써 재활에 성공하고 승리할 것이다.

지난 번 양육반에서 은사 발견 세미나를 개최한 적이 있었는데 거기서 나는 권위와 가르침 그리고 목사의 은사진단결과를 얻었다. 권위와 가르침이 1.5점씩 나와 어느 정도 타당한 결과였다. 남을 가르치는 일은 이 세상에서 가장 값지고 가치 있는 일이 아닐까? 남을 위하여 무언가를 할 수 있다면 얼마나 보람된 일일까? 청출어람(靑出於藍)이라 했으니 남을 가르치는 일은 그보다 좋은 일이 없을 것이다. 그로 인해 나의 죄사함의 은사를 감사하고 거듭난다면 그 얼마나 좋은 일일까? 번데기를 거쳐야만 나비가 되듯 우리도 그렇게 비상하지 않을 수 있을까? 지난날 모든 묵은 때를 씻어버리고 새로워질 수 있다면 얼마나 행복일까? 그렇게 되기를 간절히 간구한다.

예수님은 병자를 많이 고치셨다. 저의 재활치료도 예수님께서 긍휼히 여기시어 반드시 도와주실 것이라 믿는다. 어려서부터 걷지 못하던 사람이 예수님의 이름으로 걸을 뿐만 아니라 하나님께 찬양까지 하였고 문둥병자도 말끔히 고쳐주셨던 것처럼 말이다. 그런 기적이 나에게도 없으라는 법은 없다. 바나바의 섬김이 정신을 본받아 바울을 세우듯이 새 가족을 섬길 것이다. 그리고 교회의 사역자로 쓰임받기를 소망한다. 두 팔이 없고 한 쪽 다리가 짧은 중증 장애인으로 태어난 레나 마리아지만 '혼자서 할 수 있으면 그때는 더 이상 장애인이 아니다.'라고 하였듯이 장애를 극복하겠다. 이제 믿음의 능력을 가지고 나의 삶을 다시 시작하겠다. 내가 받은 사랑을 남에게도 전할 수 있기를 원한다. 할 수 있다는 긍정의 면을 바라보며 살겠다. 항상 남을 사랑하고 도우며 하나님의 뜻에 순종하도록 해달라고 기도하련다.

장애에는 기질적(구조적) 장애와 기능적 장애가 있는데 기질적(구조적) 장애는 신경세포와 근육이 손상된 것으로 완전히 회복될 수는 없다고 한다. 그러나 일체유심조(一體唯心造) 곧 '모든 것은 마음먹기에 달려있다.'를 말처럼 운동으로 더 이상 진행되지 않도록 할 수 있다고 한다. 교통사고는 천재(天災)이다. 비록 그럴지라도 자연을 벗 삼아 등산을 하고 약초도 캐면서 나의 장애를 이겨내리라. 건강한 사람은 건강을 모르고 병자만이 이를 안다는 카알라일의 말처럼 건강 제일을 알아 하루 빨리 건강을 회복하리라. 그리하여서 건강을 회복하고 강력한 그리스도의 군사로써 은사중심적사역을 다하리라. 나아가 셀리더를 지나 슈퍼셀리더로써 하나님의 일을 확장하는데 쓰임 받도록 하리라. 그리하여 마침내 재활에 승리하리라. 세상의 끝 날까지 아름다운 삶이길 원하니, 천상병 시인의 절창(絶唱) '귀천(歸天)'의 끝 구절 '이 세상 소풍 끝나는 날/가서 아름다웠다고 말하리라.'라고 노래한 것처럼 나는 세상이 끝나는 날 세상이 아름다웠다고 말하리라.

미우라 아야꼬의 애송시를 암송해 본다. '아프지 않으면 드리지 못할 기도가 있다./아프지 않으면 믿지 못할 기적이 있다./아프지 않으면 듣지 못할 말씀이 있다./아프지 않으면 접근하지 못할 성소가 있다./아프지 않으면 우러러 뵙지 못할 성안이 있다./아, 아, 아프지 않으면 나는 인간일 수조차 없다.' 그렇다. 내가 아플 때에 '오, 주여 이 죄인을 불쌍히 여겨주소서.'라는 기도가 저절로 나온다.

내 인생의 버킷리스트, 곧 내가 죽기 전에 꼭 이루고 싶은 소망은 목사 안수를 받아 교회를 개척하기와 손자를 무릎에 앉히고 같이 놀기와 성경을 원어로 완독하기와 내가 걸을 수 있을 때까지 걸어가는 것이다. 나는 이 세상의 복음화를 위해 꼭 쓰임받는 사람이 되길 원한다. 그래서 빛과 소금과 같은 사람이 되길 원한다. 오, 주여! 나를 이 세상에서 빛과 소금이 되게 하소서. 어둠을 비치고 물속에서 녹아져서 제 가치를 갖게 하소서. 그리하여 이 세상에 나를 보내신 주님의 기대에 어긋나지 않게 하소서. 소금은 물속에서 녹아지는 아픔을 견디고서 제 맛을 잃지 않듯이 부디 주의 일에 쓰임 받기를 원하기를 기도한다.

지난 2013년 7월 3일, 나는 범도민서포터즈의 자격으로 도지사와의 대화시간에 참석하러 논산시청의 3층 대회의실에 갔다. 도지사님께서는 충남도청이 공주에서 대전으로, 대전에서 홍성과 예산의 내포신도시로 이전하였으며, 그때마다 역사의 변화가 있다고 하셨다. 앞으로는 중국과의 무역에 대비하여 서해안을 개발해야 한다고 말씀하셨다. 질문 시간에 나는 중증장애인 특별채용에 대하여 질문하였다. 도청 정책기획관과 자세한 이야기를 하였다. 2004년 1월 17일 불의의 교통사고로 뇌병변 2급의 장애를 입었으나, 이완구 도지사 시절에 중증장애인 특별채용에 대한 공고가 있어서 거기에 도전해보려 하였으나, 사서 자격증을 요구하여서 응시하지 못했다고 말하였다. 도지사님께서는 잘 알았다며 충분히 고려해 보시겠다고 하시었다.

오, 주여 저의 발음이 어눌할지라도 비록 그러할지라도 중증장애인 공무원 특별채용에 도전하여 이 땅의 모든 장애인들에게 나로 하여금 '나도 할 수 있다.'는 꿈과 희망과 용기를 갖게 하소서. 아브라함의 순종과 모세의 온유함과 욥의 겸손함으로 이 모든 일을 감당할 수 있도록 하시고, 건강과 지혜를 허락하시고 돌봄의 영성이 충만하여 주의 지경을 확장하는 일에 참여하는 영광을 허락하여 주소서.

끝으로 회갑을 맞이하여 시집을 발간하도록 도와주신 기독교문예의 서민기 목사님께 감사를 드리며, 나의 등 뒤에서 묵묵히 지켜보시고 필요할 때마다 넉넉한 힘과 지혜를 주시고 새로운 삶을 살게 하신 나의 주 하나님께 모든 영광과 감사를 올려드리며 이 글을 마친다.

丙申年 新春
감사글방에서

제1부 꿈 너머 꿈

제2부 재활론

제3부 나에게 주는 선물

제4부 지금의 나를 사랑하기

제5부 아름다운 삶이고 싶다

제6부 도전하리라

제 1 부

꿈 너머 꿈

בְּרֵאשִׁית בָּרָא אֱלֹהִים אֵת הַשָּׁמַיִם וְאֵת הָאָרֶץ
태초에 하나님이 천지를 창조하시니라.(창세기 1:1)

탁류조濁流調

금강의 한 철
탁류濁流가 흐르듯
탁배기엔 탁주濁酒가
컬컬하게 잘람거리고

어제 익사溺死한 일마저도
말끔히 거두어간
비 갠 하늘에도
한 이틀은 물이 불겄다.

직소폭포

채석강과 함께 부안의 경치를 자랑하는 신비의 폭포여!
그대는 하늘 높이서 내려와
한 줄기 물줄기로 그 모습을 드러내었구나!
어찌나 맑던지 선녀가 내려와
목욕을 하고 갈 법한 이 곳,
중태기가 살면 1급수라는데
이곳이야말로 선경이 아니고 무엇이랴?
나도 한번 이곳에서 목욕을 하고 싶다.
날개를 잃고 간 선녀처럼.
아무런 욕심 없이 더욱 낮은 자세로
그렇게 살리라 다짐하면서.
우리 주 예수 그리스도께서 십자가에 매달리기 위하여
골고다의 언덕을 오를 때를 생각하면서
그 어려운 길을 다시 한 번 묵상한다.

회개의 기도

저는 건강에 실패하였습니다.
실패자를 찾아오신 예수님,
베드로가 예수님의 말씀을 믿고
많은 고기를 건졌던 것처럼
저는 잃었던 실패를 딛고 일어서렵니다.
예수님께서 베드로를 도왔던 것처럼
저를 도와주소서.
눈물로 간청하오니 저를 악에서 건져주소서.

저는 아무데도 갈 수가 없습니다.
저희 묶인 건강을 풀어주소서.
놀라운 치유의 역사를 행하소서.
저에게 치유의 역사를 행하시어
저의 간증을 듣고 많은 사람들이
예수님을 구세주로 영접하게 하소서.

우리가 매일 죄를 짓고
게으르고 감사할 줄 모른다 할지라도
주여, 그럼에도 불구하고
우리의 하나님으로 머물러 주시어
친절과 호의를 베풀어 주셔서
평화와 성령의 기쁨 가운데 사로잡히게 하소서.

자전거

두 바퀴로 가는 자전거
앞바퀴, 뒷바퀴
서로 마음이 안 맞으면
앞으로 갈 수 없다네.

외발 자전거도 있지만
그것은 곡예에서만 쓰일 뿐
두발 자전거가 일반적이지.

나도
한발로 갈 수 있다면
얼마나 좋을까?
한 다리가 짧아
지불평地不平이 되고 보니
마음대로 갈 수가 없다네.
앞 뒤 바퀴가
서로 마음이 안 맞아
앞으로 갈 수 없는 자전거처럼

혼자서 갈 수 있는 방법은
운동밖에 없다니
어쩌겠는가?
운동으로 세상을 이길 수밖에

운동이란
내가 나를 이기는 힘인데
그게 어디 그리 쉬운 일인가?
세상에서 가장 어려운 일이
내가 나 스스로를 이기는 것이라 했거늘

나는
오늘도 기도한다네.
반드시 운동으로 재활에 승리하기를
외발 자전거로 곡예 부리듯
홀로서기에 승리하여
또 다른 셀리더가 되는 날까지

*가족 백일장 출품 시(장원, 2009. 5. 15.)

순종의 삶

이 세상의 삶을 살면서
영원히 머무르고 싶은 사람이 있고
좀 더 빨리 떠나고 싶은 사람이 있습니다.

삶에 즐거움을 느끼고 있는 사람은
저 세상을 생각하려 하지 아니하고
삶에 괴로움을 느끼고 있는 사람은
저 세상의 행복을 믿으려 합니다.
이 세상의 것도 저 세상의 것도
모두가 사람의 것이 아닌데

어찌 사람은 모두가
자신의 것인 양 머물러 있기를 원하고
떠나가기를 원하는 것일까요?
주님! 넓은 길이 있어도
그 길을 걸어가는 두 다리를 움직이어 주는 생명을
누가 주었는지를 생각하게 하소서.

주님! 주님의 종으로
조용히 살게 하소서.
저의 뜻이 임의 뜻이 되기를
바라지 않게 하시고
임의 뜻이 저의 뜻이 되도록
저를 임의 가슴에 숨겨주소서.

수통골에 와서

나는 오늘 수통골에 와서
자연 속에 살아가는 사람들을 생각하였다.
나뭇잎은 푸르르고
이제 더욱 짙어지겠는데
철마다 변해 가는 인심은
왜 그리도 각박한가?

마타리꽃도, 구절초도, 붓꽃도
나를 반기지만
세월만 하릴없이 흘러가는구려!
개울가의 피라미도
반가운 듯 뛰어오르지만
그만 하산을 해야 하는구려!

아! 인생의 허무함이여,
그러나 여기서 모두를
그만 둘 수야 없지 않는가?
나는 오늘도 새로운 희망의 꿈을 꾼다.

물망초

사랑하는 내 딸 정화 양*
오늘 가더라도
나를 잊지 마오.

그대와 만난 인연이 너무 소중하여
항상 감사한 마음으로 살았고
주님 안에서 받은 은혜를
감사합니다.

그대와 함께
행복 일기를 쓰니 기뻤고,
나의 재활에 많은 도움이 되었습니다.

사랑하는 딸 정화 양
오늘 가더라도
부디 나를 잊지 마오.

그대와 만난 인연을
늘 은혜롭게 생각하겠습니다.

* 정화 양은 충남남부장애인복지관에 근무하던 작업치료사이다.

나의 기도

오! 사랑이 많으시고 신실하신 하나님,
존귀하신 하나님 감사합니다.
하나님의 성전인 저의 몸을 지키지 못한
죄를 용서하소서.
금수만도 못한 저의 죄를
회개하오니 너그럽게 받아주소서.

오는 1월 17일이면
교통사고난 지 만 5년이 됩니다.
그동안 아무 운동도 안한 것은 아니지만
현대의학으로는 내 병을 고칠 수 없다고 합니다.
하나님을 믿고 사랑하오니
저에게 놀라운 치유의 역사를 행하소서.
그리고 보여주소서.

우리의 생명을 다하여
주님을 찬양하고 경배할 수 있는
믿음에 믿음을 더하여 주시기 원합니다.
주님의 성품을 닮은 삶을 살기 원합니다.
미래지향적인 삶을 살기 원합니다.
삶의 현장에서 날마다 주님이 함께 하심을
몸소 체험하게 하옵소서.

나의 죄

사람에겐 세 가지 종류가 있으니
성자와 빈집과 금수만도 못한 사람이네.
그 중 가장 위대한 성자는
예수 그리스도시라네.

그러면, 나는 어디에 속할까?
성자는 더욱 아니고
빈집도 아니고
금수만도 못한 사람이라네.

왜냐하면, 사람의 몸을 가리켜
성전이라 했으니
나는 성전인 몸을 지키지 못하여
금수만도 못한 사람이라네.

금수만도 못한 사람은 회개할 일이네.
얼마만큼 회개해야 성자가 될 수 있나요?
기도로 승리할 수 있나요?
아무리 회개해도 치유될 수 없을 것 같으니
그것이 문제로다.
나의 가련한 인생이여!

황금오리

아내를 오리에 비유하는 말에
여러 가지 종류가 있는데,

집에만 있으면 '집오리',
밖에 나가 활동하면 '청둥오리',
밖에 나가 재테크를 잘하여 돈을 벌어오면 '황금오리',
교회에 잘 나가 구원을 받으면 '주께 가오리',
그러다 마침내 죽으면 '아싸 비오리'

아침에
아내에게
나는 말했네.
'황금오리'가 되기를 바란다고.

재활의 기쁨

오! 주여, 나 같은 죄인을 살리신 은혜 감사합니다.
영적 전쟁에서 승리하여 놀라운 치유의 역사를 행하시고
나로 하여금 재활의 기쁨을 전하게 하소서.
나는 지금까지 하나님의 은혜에 감사하며
은사 중심의 사역을 다하고자 노력하고 있습니다.

사랑하는 예수님, 당신이여,
내가 예수님을 사랑할 수 없는 까닭은
나를 죄악으로부터 구원해 주셨기 때문이요,
나에게 남아있는 은사와 달란트를 주셔서
글로써 복음을 전하고
주의 일을 하게 하셨기 때문입니다.

나와 항상 동행하시는 하나님
어떤 사람이 바닷가를 걸을 때,
지나온 길엔 두 발자국이 있는데,
내가 아플 때 발자국이 하나밖에 보이지 않았습니다.
왜 그런가하고 하나님께 물어 보았더니
그때 하나님께서는 이렇게 말씀하셨답니다.
그것은 바로
'내가 너를 앉고 가기 때문이다.'라는 것이지요.
하나님은 나와 항상 동행하십니다.

살아가면서 내가 넘어지려고 했을 때

당신은 나에게 손을 내밀어 일으켜 세웠습니다.
그것은 나에게 큰 힘이 되었으며
또한 위안이 되었습니다.
그리고 내가 낙심하려 했을 때
나에게 한 가닥의 빛이 되어 주었습니다.
당신의 얼굴만 바라보면 그저 행복했습니다.
당신은 나에게 손을 내밀어 큰 용기를 주었습니다.

나의 죄사함과 거듭남의 은혜에 감사하오며
지난 날 모든 묵은 때를 씻어버리고
새로워지기를 간절히 간구하옵니다.
예수님은 병자를 많이 고치셨듯이
저의 재활치료도
예수님께서 반드시 도와주실 것이라 믿습니다.
어려서부터 걷지 못하던 사람이
예수님의 이름으로 걸을 뿐만 아니라
하나님께 찬양까지 하였고
문둥병자도 말끔히 고쳐주셨던 것처럼 말입니다.

두 팔이 없고 한 쪽 다리가 짧은
중증 장애인으로 태어난 레나 마리아지만
'혼자서 할 수 있으면 그때는 더 이상 장애인이 아니다.'라고 하였듯이
저는 장애를 극복하겠습니다.

영적 전쟁의 용사가 되어
그리스도와 더불어 지속적인 승리의 삶을 살기 원합니다.

믿음의 조상 아브라함처럼,
신실한 사람 다윗처럼,
기도로 승리한 신앙인 다니엘처럼,
하나님께서 기도를 들어 복을 주신 야베스처럼,
주님의 충성스런 종으로 살기를 원합니다.
할 수 있다는 긍정의 면을 바라보며 살게 하소서.
항상 남을 사랑하고 도우며
하나님의 뜻에 순종하도록 하소서.

신달자 님의 행복이란 시처럼
행복은 먼 데 있지 않고
우리 주위의 가까운 곳에 있다는 것을 알게 하소서.
내가 지금 살아 있는 것만으로도
행복하고 더없이 기쁜 일이 되게 하소서.
나무를 심는 사람처럼
황무지를 개간하고 일구어 지경을 넓혀나가
숲을 이루어 새도 날아들고 다람쥐도 날아든 것처럼
나의 지경을 넓혀 새롭게 개척해 나가게 하소서.

늘 사랑하는 마음으로
그리운 노랠 씨 뿌리는 사람이 되게 하소서.

내게 햇살인 당신,
못난 내가 지쳐 힘들 때
나를 위해 힘이 되어 주신 당신이여,
당신을 사랑합니다.

꿈 너머 꿈

어제 목사님 설교시간에
설교 한 토막이 생각나서
오랜만에 애들과 함께하는 시간을 가졌습니다.
"의원이의 꿈이 뭐지?"
"과학자나 의사가 되는 거야."

나는 다시 물었습니다.
"의사가 돼서 뭐 하게?"
"……."
이번에는 답이 없습니다.
머리만 긁적긁적….

옆에 있던 지혜에게 다시 물었습니다.
"지혜의 꿈은 뭐지?"
"아담한 이층집 두 채를 짓고
한 집에는 내가 살고
한 집은 엄마 아빠가 살게 할 거야."
"그 다음은?"
"그냥……그러면 안 되나요?"

가원이에게 물었습니다.
가원이 꿈은 뭐지.

"세계여행을 할 거야."

그 다음에는 뭐하게?
이번에도 답이 없습니다.

의사가 되고, 과학자가 되고 이층집을 짓고
그리고 세계여행을 할 정도로
풍부한 경제력을 갖춘 다음에
무엇을 하겠다는 '꿈 너머 꿈'이 없습니다.

꿈 너머 꿈의 출발점은
삶의 방향을 자기중심에서 단 한 걸음,
꼭 한 걸음만큼이라도
남을 위한 이타적 방향으로
내딛는 것이라 생각됩니다.
자신만을 위한 꿈을 이룬 사람은
성공한 인물이 될 수 있습니다.
큰 부자도 될 수도 있고,
큰 성공을 할 수도 있지만,
사람을 감동시키고
마음으로부터의 변화를 이끌어내는
인물은 될 수 없습니다.
그렇지만 이타적인 방향으로 발걸음을 돌린 그 순간,
거기에서부터 타인을 향한
위대한 영향력이 나오게 되는 것이 아닐까.

2㎝의 차이

한 치 앞도 내다보지 못하는 인생이여!
오호 통재라, 장애인을 위하여 봉사할 줄은 알아도
내가 장애인이 될 줄은 몰랐네,
어느새 나는 장애인이 되고 말았네.
이름 하여 뇌병변 2급이라네.
나에겐 장애와 무관한 줄만 알았으니
얼마나 한 치 앞을 내다보지 못하는 인생인가?

나는 사도의 길을 잘 가고 있었네.
그것을 위하여 한 길로 뛰었네.
나의 아내는 인생의 동역자로 나를 많이 도왔네.
그리고 우리는 행복했네.
우리의 행복을 누가 시기하는 것일까?
2003년 1월 17일 교통사고로 나는 장애인이 되었네.

2㎝의 차이가 이렇게 큰 줄은 몰랐네.
한 치 앞을 내다보지 못하는 나의 인생이여.
키보드로 다리를 맞추려 했지만 소용이 없었네.
전에는 국선도를 했지만 가부좌가 안 되니 할 수 없고
헬스장에서 요가를 했네.

2㎝의 차이가 이렇게 큰 줄은 몰랐네.
나는 장애를 극복하려고 운동을 많이 했지만
운동을 하면 할수록 나의 몸은 자꾸만 굳어져 갔네.

누가 이 일을 알아줄까?
친하던 친구도 나를 떠났네.
전재전능하신 하나님만이 알아주실까?

기적의 하나님만을 의지하지 않을 수가 없었네.
'나의 병을 치유해 달라.'고 기도했네.
나의 놀라운 치유의 간증을 듣고
많은 사람들이 예수님을 구세주로 영접하게 해 달라고.
나는 행복전도사가 되었네.
나의 꿈은 은사 중심적 사역을 다하여 목회자가 되는 것이네.
꿈은 현실로 이루어진다네.

* 《기독교문예》 2013. 제8호 신인작품상 게재

그러 하실지라도

오, 주여!
나의 병을
고쳐주시지 않을지라도
비록 그러하실지라도
존귀하신 하나님을
감사하겠습니다.

불의의 교통사고로
뇌병변 2급이라는 장애인이 되어
온갖 병원으로 찾아다녔지만
의사들이 왜 아픈지를 찾지 못 하였습니다.
비록 그러하실지라도
권능의 하나님을
찬양하겠습니다.

그동안
치유의 은사를 베풀어 주십사고 기도했지만
치유의 은사를 베풀어 주시지 않았습니다.
비록 그러하실지라도
나는 하나님께 감사하겠다고 말하겠습니다.

믿음만이
믿음만이 능력이라고 하여
믿음의 기도로 기도했지만

나의 병을 고쳐주지 못했습니다.
비록 그러하실지라도
만유의 하나님을 감사하겠습니다.

사랑만이
사랑만이 능력이라고 하여
쉬지 않고 기도했지만
나의 병을 고쳐주지 못했습니다.
비록 그러하실지라도
사랑의 하나님을 사랑하겠습니다.

오, 주여!
나의 병을
고쳐주시지 않을지라도
비록 그러하실지라도
하루를 감사의 기도로 시작하겠습니다.

초가삼간

내가 살고 싶은 집은
결코 큰 기와집이 아니올시다.
초가삼간이면 족합니다.
윗방에 부모님 봉양하고
아랫방에 아들들 거느리고
흙에서 농사지으며
천 년 만 년 살고 지고.
천 년 만 년 살고 지고.

내가 살고 싶은 집은
솟을 대문이 솟아 있는
구십구 칸의 기와집이 아니올시다.
황토집이면 족합니다.
뒷산에서 나무를 하여
군불을 때며 따뜻하게 살 수 있고
앞개울에 물이 흐르는 그런 집에서
이웃과 더불어 살아.
천 년 만 년 살고 지고.
천 년 만 년 살고 지고.

금수만도 못한 사람의 죄

하나님의 성전인 나의 몸을 지키지 못한
금수만도 못한 사람의 죄를 용서하소서.
그 죄를 회개하오니 회개의 기도를 받아주소서.
눈물로서 회개하오니 회개의 기도를 받아주소서.
저는 건강에 실패하였습니다.
실패한 사람을 찾아오신 예수님,
예수님께서 베드로를 도왔던 것처럼 나를 도우소서.
할 수 있다 하신 예수님, 나를 도우소서.
믿음만이 능력이라 하신 주님 나를 도우소서.
믿음 있는 자에게는 능치 못한 것이 없다고 하신 주님 나를 도우소서.
실패한 건강을 딛고 일어서려 하오니 나를 도우소서.
눈물로서 간청하오니 주님 나를 도우소서.
전지전능하신 주님 나를 도우소서.
주 예수 그리스도의 이름으로 기도하옵니다. 아멘.

그대여 영원하라

— 논산성결교회 78주년을 맞이하여

화지동에서 시작되어
반월동 예배당 시대를 지나
오늘까지 사반세기를 세 번 거듭하고
3개년을 더하여 78돌의 생일을 맞이한
기독교대한성결교회 논산교회여
당신의 생일을 축하합니다.

당신은 다른 교파보다 출발은 늦었지만
오직 성결의 복음을 전하기 위한 것으로
오히려 우리나라 자생적으로 생겨난
신앙이라고 할 수 있습니다.

"모든 족속으로 제자 삼으라."는
주님의 지상명령에 모든 삶을 헌신하신 당신
논산성결교회의 성도들을 강한 그리스도의 군사로 세워
예수 그리스도의 지상명령인
세계비전을 이루고자 달려가는 영적지도자입니다.

독수리처럼
두 날개로 힘차게 날아올라 비상하게 하소서.
열린모임으로 구역을 장악하게 하소서.
예수님의 보혈의 피로써
충절의 고장 논산의 시민을 구원하고
행복을 나누는 교회
모든 성도가 예수님의 제자비전으로

논산복음화와 세계복음화를 이루고
건강한 교회가 되기 위한
정성을 치하합니다.
찬양합니다.

오, 주여.
주님의 도우심으로
앞으로 다가올
문화의 일 번지 논산의 시민을
감당하기에 적합하도록
미션센터를 건축하오니
모든 믿는 성도들마다
오직 믿음으로
구원받을 수 있도록 하소서.
열방국가에 선교사를 파송하여
세계를 복음화할 수 있도록 도와주소서.

오늘로써 사반세기를 세 번 거듭하고
3개년을 더하여
마침내 78돌의 생일을 맞이한 당신
당신의 생일을 진정으로 축하합니다.
부디 건강한 교회가 되기를
주의 이름으로 감사하며 축원하옵니다.
오, 그대여 영원하라.

* 논산성결교회 창립 78주년 감사 고백시

제 2 부

재활론

야베스가 이스라엘 하나님께 아뢰어 이르되
주께서 내게 복을 주시려거든 나의 지역을 넓히시고
주의 손으로 나를 도우사 나로 환난을 벗어나
내게 근심이 없게 하옵소서. 하였더니
하나님이 그가 구하는 것을 허락하셨더라.(역대상 4:10)

가부좌

양반다리보다
어려운 가부좌

가부좌는
참선과 국선도의
기본자세

나는
한 쪽 다리가 짧아
양반다리는 고사하고
가부좌는 더구나 안 된다네.

그래서 요가를 하였지
끝날 때 '다마스떼'하고
끝나는 요가

요가도 충분히 할 수는 없지만
할 수 있는 만큼만 하였지

국선도는 우리나라 것이고
요가는 인도 것이지만
인대를 늘인다는 점에서는
같은 운동이라네.

버려야 할 것들

나의 찌든 삶에
타오르는 뜨거운 불
가끔 남에게 피해를 주면서
욕심과 교만함이 새록새록 솟아나고
때로는 남을 짓밟고 성장하며
눈을 뜨는 자만과 위선

더러는 남을 멸시하며
일어서는 질투의 쓴 뿌리
어두운 그늘에서 반란의 깃을 세우고
이따금 남의 약점을 꼬집으며
분장한 양심의 가면

철이 들어도 한참이나 든
이순의 내 나이.
아직도 가슴에 묻어둔
자만과 위선.
아쉬워 간직한 사욕과 질투.

쥐고 있는 오만과 아집을
이제 버려야 할 때이다.
배려와 관용으로
사랑과 용서로
자비와 봉사로

바꾸어야 할 때이다.

오, 주여
나의 찌든 삶에
아직도 남아
뜨거운 불처럼 타오르는
쓴 뿌리를 없게 하소서.

병상록

1.
앞 차와 정면충돌하여 장애인이 된지 5년하고도 반년
운동을 하였지만 회복되지 않았네.
머리와 중추까지 MRI 사진을 찍었지만
5년 전 뇌출혈 난 자리는 그대로 있지만
전체적으로 뇌가 수축되었다고 하였네.
그러나 어디 뇌만 수축되었겠는가?
근육까지 수축되었네. 손톱과 발톱을 보면 알 수 있다네.
그 가장자리를 에워싸고 있는 살이 겹쳐서
자꾸만 뜯어내고 싶은 충동을 느낀다는 것을

병원의 신경외과, 통증클리닉
안 다닌데 없이 다녔지만
담당의사는 왜 아픈지 그 원인을 찾지 못하였네.
나는 분명히 머리끝에서 발끝까지 아픈데도
방법은 운동밖에 없다고 했으니
어쩌겠는가, 운동으로 재활에 승리할 수밖에
나는 오늘도 기도한다네.
운동으로 승리하여 재활에 성공하고
또 하나의 셀리더가 될 때까지

2.
나는 어제 밤새 울었네.
나의 죄가 얼마나 크면 이런가 하고.

밥으로 미네자임과 에스엠비엔 자임과
에스바디 식이음료를 먹지만 허기만 질 뿐,
속이 자꾸 꾸굴 소리만 난다네.
아내는 그것이 명현반응이라고 했지만
도저히 이해할 수가 없네.
집사람은 시청 앞으로 집을 보러 가고 없다네.
나는 어제 밤새 울었네.
나의 죄가 얼마나 크면 이런가 하고.
침대에 누워 울다가 발이 저려 또 울었네.
아내는 그것이 명현반응이라고 했지만
나의 독소는 발로 빠져나가는 것인가
도저히 알 수가 없네.

나에게 남겨진 은사를 활용하기 위하여
장애인 문학과 한비문학에 응모해 보지만
아무런 반응이 없네.
평생감사 에세이에 응모해 보지만
아무런 반응이 없네.
너희에게 준 은혜라고 감사하라는 것인지 알 수가 없네.
나의 시집 '솟대의 꿈'과
참회간증록 '나의 하나님'을 출판하기 위하여
여러 번 교정하고 고쳐보았네.
눈물이 흐르고 흘러 마를 때까지.
나는 어제 밤새 울었네.

울다가 지쳐서 잠이 깨었네.
내일 일은 하나님께 맡기고 아무런 걱정하지 말라고.
오늘 내가 진 짐만으로도 벅차지 않은가 말일세.
아플 때 '오, 주여'하고 기도하듯이
나는 '아이고' 소리를 연발하였네.
아내는 안 먹으면 죽는다고 먹으라 하지만
나는 먹지 않았네.
안 먹으면 죽을 수밖에 없는데도.

아내에게 나는 물었네.
내가 어디에 가고 싶어도
가지 못하는 장애인인데도
이런 나를 사랑하느냐고.
아내는 그래도 사랑한다며
전복죽을 끓여 주었네.
나의 사랑하는 사람이여.

3.
전복죽에 에스바디 식이음료와 흙마늘을 먹어 보네.
살고 싶어 헬스장에 가서
평행봉에서부터 버터플아이와
허리회전하기까지 하고 왔네.

먹을 것이 있어도 마음대로 먹을 수 없다네.
식사를 하지 못하는 나를 보고
누구는 '인고의 세월'이라고 했던가?
아침에 바나나와 죽을 먹고
턱에 수염이 덜 깎여 보니
근육이 많이 수축되었네.
얼마나 더 수축되어야 할 것인지 모를 일이네.
쇠고기와 된장국에 밥을 비벼 겨우 먹으니
근육이 언제까지 더 수축되어야 할 지 모를 일이네.

괴산에서

고속도로를 타고 간
운교리 고가엔
아내의 친구 내외가
두 눈 뜨고 다정하게
살아 있다.

사방이 구름이 끼어
이름 하여 운강
그 운강 무릉도원에서
보트와 요트를 탔네.
멀리에서 나는
부활의 노래를 불렀다.

세월은 강물처럼 흘러
고가 앞 에돌아
수십 년 느리게 걸어 왔지만
괴산 지키는
느티나무 아래 서면
재활의 승리소리
힘차게 들려온다.

깨끗한 그릇

큰 집에는
금그릇과 은그릇
나무그릇과 흙으로 빚은 그릇이 있습니다.
그 그릇 가운데
특별히 귀하게 쓰이는 그릇도 있지만
평범하게 쓰이는 그릇도 있습니다.

만약 누구든지
악을 멀리하고
자신을 깨끗하게 하면
주인이신 주님이 쓰기에
귀하고 거룩한 그릇이 될 것입니다.
그런 사람은 언제나 좋은 일에 쓰일 수 있는
준비된 사람입니다.

오, 주여
저에게 죄들을 멀리하고
평생감사의 노트를 씀으로서
귀하게 쓰임 받는 그릇이 되게 하소서.
하루를 감사의 기도로 시작하고
신실한 주의 종으로서
믿음과 사랑과 평안을 추구하게 하소서.

솟대의 꿈

내게도 꿈이 있었다.
하늘보다 더 높이
바다보다 더 멀리 날고 싶은
소박한 꿈

나를 꽉 붙들고 놓아주지 않는
저주 같은 장대의 굴레를 벗고
훨훨 날고 싶은
간절한 꿈

힘차게 날개 짓을 해보고
밤마다 날고 있는 꿈을 꾸지만
내가 있는 곳은
언제나 가느다란 장대 끝

난 역시 나무새였다.
아무리 몸부림 쳐도
아무리 노력해도
날 수 없는 나무새

나무새는 이제야 깨달았다.
희망이란 말이
절망의 늪에서 보면
얼마나 아득하고 허망한 것인가를

날고 싶어도 날지 못해
짧은 목 애써 뽑아 세우고
그저 하늘바라기만 해야 하는
슬픈 나무새의 운명이여!

아
화인火印처럼 지워지지 않는 가혹한 형벌에
분노에 찬 나무새의 울부짖음
허공중에 소리 높여 외치는 피맺힌 절규

나도 날고 싶다.

나의 감사

나 같은 죄인을 살리시고
사랑하는 아내를 만나
평생을 함께 하는 일.
같은 차를 타고 가다
교통사고 났으나
사랑하는 아내가 나보다 덜 다쳐서
나의 재활을 돕게 하시니 감사합니다.

나에게 국보인 두 아들을
훌륭하게 키워주시고
사랑을 베풀어주신 일
그리고 무엇보다도.
두날개양육시스템에 따라
재생산 훈련을 마치고
강한 그리스도의 군사가 되게 하시니 감사합니다.

재활의 기쁨을 느끼게 하시고
카페 '야베스'를 통하여
복음을 전하게 하신 일.
가족백일장에서 장원을 하여
나에게 남아있는 달란트를 사용해서
은사중심의 사역을 하게 하시니 감사합니다.

구역 모임, 열린 모임을 통하여

셀리더로서 나의 지경을 넓히시고
이 같은 역경 중에서도
감사의 기도를 할 수 있게 하시고,
더구나 나에게 분수에 넘치는
과분한 큰 복을 내려 주시니 감사합니다.

가시의 은혜

한 때는
나의 가시로 열등감에 사로잡혀 있었네.
나의 연약함으로 삶을 비관하였네.

어느 날
나는 깨달았네.
가시와 연약함이
오히려 은혜라는 것을

나는
그것을 감사하며 살리라.
나의 가시와 연약함으로
승리할 수 있다는 것을

오, 주여!
그것으로 나의 여생을
평생감사하며 살게 하소서.

기쁨을 주는 사람

기쁨을 주는 사람이길 원합니다.
날마다 사랑하는 이들을
기쁨에 찬 얼굴로 활짝 웃으며
바라보는 내가 되길 원합니다.

나보다는 상대방을 먼저 생각하고
좋은 것도 즐거운 일도
상대방에게 양보하는
미덕을 가지길 원합니다.

겨울을 이기고 꽃을 피운 나무같이
사랑하는 이들에게
삶의 달디 단 열매를 주는
사람이길 원합니다.

그리고 살아가는 삶의 배경을
기쁨이 있는 풍경으로 만들어
내가 사랑하는 이들에게
기쁨의 잔을 채워 건네는
기쁨을 주는 사람이길 원합니다.

팔월을 보내면서

어둠이 내리는 길가
저 벌판으로부터
가을 냄새 묻어오는 길목
말매미 쓰르라미
짧은 하루해 목쉰 울음
가는 여름도 팔월도
숨 가쁘다.

견우와 직녀의 사랑
슬퍼서 아름다운 전설
만남도 이별도
업보가 된 서러운 숙명
그래서 빗물이 눈물이었나?
느껴도 느끼지 못했어도
시간이 흘러서 세월

아직은 파란 잎새들.
찬 서리 서러운 날에
다시 못 올 낙엽의 먼 길
기어이 아파야 할 이별
무심하던 나그네도
추풍에 뒹구는 추억
눈물 흥건하겠다.

눈물의 기도

얼마나 많은 눈물을 흘렸는지
내 안에 얼마나 많은 상처들이 깊이 자리하고
나의 아집과 고집과 교만함 때문에
그 누구에게도 말하지 못하고 혼자 곪아버린
삶의 무게들, 흔적들.

주님께 가까이 나아가지 못한
나의 가장 큰 마음의 걸림돌이었다.
항상 벽을 만들어
내가 나를 내 안에 가두고
내 생각대로 살았던 건 아니었을까.

주님이 아시고
오늘밤 나의 맘을 만지셨다.
사랑하는 내 아들아
내가 너를 많이 사랑한단다.
내가 너의 마음을 다 안단다.

연약한 나보다 더
나를 잘 아시는 주님이
오늘도 성령의 감동으로
음성을 들려주셨다.
나의 눈물의 기도를 응답하시고
내 맘에 참 평안을 주시니 참 감사합니다.

뜬봉샘

금강의 발원지 뜬봉샘
태조 이성계가 나라를 얻기 위해
신무산 중턱, 아담한 곳에 단을 쌓고
백일기도에 들어가
천지신명의 계시를 받아
샘이름을 뜬봉샘이라고 했던 곳.

뜬봉샘 그 시작은
비록 작지만
샘물이 흘러 시냇물이 되고
시냇물이 흘러 강물이 되고
강물이 흘러 바다로 간다네.

뜬봉샘이
강물이 되어 바다로 흐르듯
성령이 임하사
예수살렘과 온 유다와
사마리아와 땅 끝까지 이르리라.

은혜의 힘

은혜란 우리가 죄를 범하였을 때,
그저 눈감아 주는 것이 아니라
죄를 이기는 하나님의 선물.
은혜는 단순한 용서가 아니라, 능력인 것.
은혜는 하나님이 주시는 선물.
우리의 공로가 아니라,
우리의 부족함 때문에 주시는 것.
우리 주님은 언제,
그리고 어디에서 도움이 필요한지
알고 계시고 도와주십니다.

백합화

하얀 그리움을 포개어도
닿을 수 없는 거리에 서 있어도
그녀의 맑은 영혼이 속삭이는 듯
내 귀전에 맴도는 울림은 메아리이라.

한나절 꿈속으로 온들
그리움은 돌단을 쌓듯이 높아만 가고
세월은 남의 일인 양 물 흐르듯 하여
이젠 희미한 추억의 그림자이라.

연두색 은은한 그리움의 꽃망울
터지려는 찰나 하얀 속살을 드러내는
청초한 여인의 어여쁜 얼굴로
내 가슴 설렘은 못 잊어하는 추억으로 향하고

천사 같은 미소로 벙실거리는 백합화
쭉 뻗어 파랗고 실한 꽃대
훤칠한 키에 가냘픈 임의 얼굴 닮은 듯
진한 향기 노란 꽃술에 따스한 입맞춤이라.

내 인생의 오네시모

바울에게서 복음을 전해들은
오네시모
회심하고 새로운 삶을 살아가니
갇힌 중에서 낳은 아들이 되었네.
바울의 심복이 되었네.

주인에게 돌아가는 오네시모
바울의 신임을 받아
바울의 편지를 들고
죽음을 각오하고
로마를 떠나 골로새로 돌아갔네.

주인의 용서를 받은 오네시모
바울에게 복음의 빚진 자된 빌레몬은
그리스도의 사랑으로
오네시모를 용서하고 자유인이 되게 하였도다.

웃음전도사여
그대에게 상처 준 '오네시모'는 누구인가
그리스도의 사랑으로
그를 용서하고 기쁘게 형제 삼아라.

창포

오월 단오 날에는
창포물에 머리를 감아
머리를 더욱 까맣게 했었지.

축축한 찬비는 주룩주룩 나리고
찬 유리창에 이마를 기대어
남색 외로운 창포만 바라본다.
빗줄기 속에 떠올랐다간 조용히 숨어 버리는
못 견디게 그리운 모습

혈맥을 타고 치밀어오는
애수 고독 적막
눈물이 조용히 뺨을 흘러내린다.
병들고 상한 이 마음은
우수 짙은 빗줄기 속을 방황하는데
한결 저 꽃에서만 설레는 이 가슴

정다운 속삭임이
아아, 마구 뛰어나가 꽃잎이 부서지도록
입맞춤 하고 싶구나.
미칠 듯이 넘치는 가슴에
힘껏 기지개를 펴고 싶구나.

녹아지는 아픔

세상에서
빛과 소금이 되기 위해서는
어둠을 비치고
물속에서 녹아져야만 합니다.
그것이야말로
이 세상에 나를 보내신
예수님의 기대입니다.

오, 주여!
나를 이 세상에서
빛과 소금이 되게 하소서.
어둠을 비치고
물속에서 녹아져서
제 가치를 갖게 하소서.

그리하여
이 세상에 나를 보내신
예수님의 기대에
어긋나지 않게 하소서.
물속에서 녹아지는
아픔을 견디고서
제 맛을 잃지 않기를 원합니다.
부디 쓰임 받기를 원합니다.

기쁨의 회복

웃다 보면 웃게 되고,
웃을 일이 없어도 웃으면
웃을 일이 생기니
오늘도 호탕하게 웃어 보구려.

내가 가장 기쁜 일은
나의 주님을 만난 것이요.
죽으나 사나 난 주의 것.
천국의 주소는
행복도 광명군 웃으면 기쁘리 91번지이고,
지옥의 주소는
불행도 암흑군 화내면 성내리 4번지라오.

내가
문화의 일 번지 논산에서
보령시 개화침례교회에까지
그리고 내장사에까지
간 것도 기적이라네.
기적의 하나님을 찬양하리라.

오, 주여!
매일 기뻐하는 웃음으로
웃게 하소서.
가짜미소가 아닌 진짜미소로

웃음을 짓게 하소서.
뒤셴 미소Duchenne Smile를 짓게 하소서.
매일 감사하는 마음으로
감사하게 하소서.

그리하여
뒤셴 미소의 행복을
느끼게 하시고
주의 도우심으로
웃음과 감사로
나의 육체의 가시를 이기고
재활에 승리하게 하소서.
기쁨을 회복하게 하소서.

재활론

장애에는
두 가지가 있으니
기질적 장애와
기능적 장애라네.

그 중 기질적 장애는
이미 신경세포와 근육이 손상되어
원래의 상태로 회복하기는
도저히 불가능한 것이지만,

일체유심조一切唯心造
곧 '일체는 오직 마음으로서
지어지는 것이다.'라는 말처럼
좋은 생각
곧 나는 할 수 있다는
긍정적인 생각을 하면
그 장애를 극복할 수 있다네.

나의 장애를
긍정적 사고와
범사에 감사하는 마음으로
극복하고 이겨내리라.
내 인생의 끝 날까지

제 3부

나에게 주는 선물

ἰωτα ἓν ἢ μία κεραία οὐ μὴ παρειθὴ ἀπὸ τοὺ νόμου

진실로 너희에게 이르노니 천지가 없어지기 전에는
율법의 일점일획도 결코 없어지지 아니하고
다 이루리라.(마태복음 5:18)

당신이 있어 행복합니다

언제나 내 곁에 당신이 있다는 것이
나에겐 더 없는 행복입니다.

부를 때마다 금방이라도 달려와 주는
당신 있음에 더욱 행복합니다.

때로는 먼저 알고 내 약함을 세워주며
넘어질까 붙드는 당신이 내 행복입니다.

불볕더위처럼 고난이 내리면 그늘막이 되어주고
소나기같이 아픔이 쏟아지면 우산이 되어주며
준비치 못한 눈처럼 위태한 일 만나면
녹여주는 따스함이 있어….

언제나 내 곁에 당신이 있다는 것이
나에겐 더 없는 행복입니다.

휴대폰

내게도 꿈이 있었다.
하늘보다 더 높이
바다보다 더 멀리 날고 싶은
소박한 꿈

나에게 주어진
사명을 다하기 위해
나의 메시지를 전하고 싶은
간절한 꿈

오늘날 정보전달의
유일한 매체인 휴대폰
나는 그 휴대폰을 샀다.
나의 꿈을 이루기 위해

그 휴대폰으로
사진을 찍어서
홈페이지를 관리하고
나의 감사 일기를 쓰는 데
없어서는 안 될
소중한 도구
나의 휴대폰이여!

내가 그린 민화

'화창포'와 '연화도'를 사진 찍어
고맙고 사랑하는 사람에게
전하는 데도 도움을 주었다.
언제나 늘 감사한
나의 휴대폰

아,
화인火印처럼 지워지지 않는
가혹한 육체의 가시
그 가시에도 불구하고
진짜 웃음과 감사의 마음으로
나의 육체의 가시를 이겨내리라.
나의 꿈을 이루는 날까지.

* 가족 백일장 출품 시(가작, 2009. 11. 14.)

뫼비우스의 식사법

남들은
일식사찬으로 식사를 하지만
일식이찬으로 식사를 하는 것만도
진수성찬이지요.

살아가는 방법은
운동 밖에 없다지만,
세상에서 제일로 하기가 어려운 것이
운동이니 그것이
역설이고 아이러니요 모순이라오.

오늘도
숟가락을 드는 운동을 하였지요.
숟가락에 퍼 담아 허겁지겁
자꾸만 좁아지는 목구멍에 밀어 넣었습니다.
요놈이 모가지에 꽉 메이는 것이
똑 죽을 것 같습디다.

이번엔
먹다 죽는 빙신이 어디 있나 싶어
젓가락을 들었지요.
젓가락으로 집어 요것저것 밀어 넣었습니다.
요놈이 성이 안차
똑 죽을 것 같습디다.

제 자신을
못 이기는 빙신이 어디 있나 싶어
물 한 잔 들이 키고
웃음과 감사의 마음으로 세상을 이기고 나니
오늘 하루도
담대하게 살아갑니다그려.

홀로 서기

산山이 있습니다.
삶의 고달픔이 쌓이고 쌓여
높고 높은 산이 되었습니다.
강江이 있습니다.
속절없는 눈물이 흐르고 흘러 모여
깊고 깊은 강이 되었습니다.
나는 가야합니다. 산 너머 강 건너
나를 기다리는 희망希望에게로

산山 너무 높아 넘을 수가 없기에
이제 이 높은 산을 깎아 없애려 합니다.
강江 너무 깊고 배가 없어 건널 수가 없기에
이제 이 깊은 강을 메우려 합니다.
산山으로 강江을 메우면
갈 수 있으리라 생각했습니다.

모진 다짐으로 삽을 움켜쥐고
한 삽 한 삽 또 한 삽
산을 푸고 산을 퍼서 강에다 담았습니다.
깊은 강으로 한 삽 한 삽 산이 담겨집니다.
앞만 보고 쉴 새 없이 산을 강에
퍼서 담고 퍼서 담았습니다.

한참만에야 뒤를 돌아다봅니다.

산은 강바닥으로부터 쌓이고 쌓여
또 다시 높고 높은 산이 되어 있었습니다.
강은 산이 한 삽 한 삽 쌓인 만큼 넘쳐
흐르고 흘러 모여 다시 강이 되어 있었습니다.

그래도 나는 가야합니다.
산 너머 강 건너
나를 기다리는 희망希望에게로
다시 삽을 움켜쥡니다.

묘비명墓碑銘

아, 화인火印처럼 지워지지 않는
가혹한 육체의 가시
그 가시에도 불구하고
진짜 웃음인 뒤센 미소Duchenne Smile와
범사에 감사하는 마음으로
이기고 승리한 아름다운 사람이
짧고도 긴 세상을 마감하고
마침내 본향本鄕으로 돌아가도다.

삶의 역설

홀로 서기를
할 수 있는 방법은
운동밖에 없다는데,
운동을 하기도 어렵고
하면 할수록
몸이 굳어지니
그 자체가
역설이고
아이러니요
모순이라오.

숙취

우암산에 누워 바벨을 든다.
알 수 없는 기운이 바벨을 들어 올린다.
어젯밤 미지근한 홍합에 심지를 내리고
타오르던 불두덩이
차가운 손잡이를 데우고
찌그러지는 얼굴까지 데우더니
구겨진 꿈의 이부자리까지
밤도 낮도 아닌 하늘로 들어 올린다.

올려도 다시 내려오는
알 수 없는 무거운 놈과
티격태격 쌈박질
좀체 보이지 않는
가벼운 녀석은 어디로 갔는지
두리번 고개를 흔들 때
차례를 기다리는 아저씨의 목소리가
철커덕 쇳소리너머 가깝다.

오랫동안 궁금해 하던 것 있었다.
밤하늘에서 줄줄이 떨어진 별똥별은 어디에 있을까.
반짝 반짝
새벽도시 바라보았다.
둥둥 산에서 내려왔다.

내게 있는 것으로 주세요

내게 있는 것이
기적의 문입니다.

내게 있는 것이
내 손에서 떠나 그에게 줄 때에야
기적이 일어납니다.

주세요!
당신의 사랑과
당신의 땀에 절은 빵과 포도주를
당신이 그토록 사랑하는 사람에게
주세요!

작은 사람을 사랑하는 것이 진짜 사랑
사랑은 작은이에게 주는 것
내게 있는 것이
내 주머니에서 나와서
그의 손에 들려질 때에야 값지게 됩니다.

속지마세요
당신의 옷과 뱃속에 들어가는 것이 값진 것이 아님을
주세요!
내게 있는 것을
땀과 눈물에 절은 그것을…….

나에게 주는 선물

선물은 내가 남에게 주어야 하고,
남이 나에게 주어야 선물인 줄 알았습니다.
그동안 나를 위해 내가 산 물건은
선물이라고 생각 안 했습니다.
필요해서 산 물품쯤으로만 알았습니다.
앞으로 나를 더욱 사랑하고,
더욱 챙기면서 살아가야겠다고 다짐을 합니다.
그래야 남도 사랑하게 되고,
소중히 여기게 될 것이기 때문입니다.

아, 화인처럼 지워지지 않는
육체의 가시, 그 육체의 가시에 불구하고
진짜 웃음과 감사의 마음으로
이기고 승리하여 장애를 극복하고
그동안 열심히 살아온 나에게,
사랑과 감사와 격려의 마음을 담아
선물합니다. 행복을 빕니다.

맨발

나는 내가 살던 곳을 그리워했고
어느 날 텅 빈 외로움도 그리워했다.
그을음이 배어 있는 시 한 수
가난한 아궁이 속의 재처럼 삶에 시선
채우지 못한 빈곤
비우지 못한 채 재를 쌓는 게 인생
그런 시간들 속에…
햇살이 멀미나게
여름 땡볕 빼먹는 재미
그곳에서 끈적끈적하게
쌓아놓은 글들 빼놓지 않고
읽다보니
가벼운 것과 무거운 것
낡은 것과 새로운 것
거짓된 것과 진실한 것
나 혼자인 것이 외롭고
그래서 가급적 혼자였던 나
혼자 걷던 노을녘 거리
밤 그늘은 그림자 그늘이었네.

왜

고통과 슬픔 그리고 절망을
왜 내게 허락하셨는지
아직은 다 알 수 없지만
고통의 크기에 비례하여
하나님의 사랑이 크다는 사실을 깨달았습니다.
다 이해할 수 없을지라도
이제 나는 감사합니다.

늠름한 생명의 빛과 소금아

오, 나의 늠름한 생명의 빛과 소금아
달려 달려가자.
천지의 창조주이신 하나님이 주신
따스한 안식처인
행복의 보금자리로 가서
선하게 헌신 봉사하며
친절한 사랑과 웃음으로
삶에 큰 희망을 주는 자로
매서운 사탄의 무기들이 사라지게 하는
강하고 담대한 도구로 살아가자.
오, 나의 늠름한 생명의 빛과 소금아.

사랑을 통한 치유

오늘 하루는 당신을 부르는 내 마음이
그대로 찬미의 기도가 되게 해 주십시오.
가난과 고통이
얼마나 위대한 것인가를 깨닫게 하는
참회의 기도가 되게 해 주십시오.

세상에서 참으로 보잘 것 없는 나는
당신에게 축복 받은 목숨입니다.
내가 외롭고 병들고 가난한 마음일 때
당신은 가장 먼저 나에게 찾아오십니다.

내 영혼이 기도할 수 있는 곳에
인생의 닻을 내려야함을 일깨워주시는 당신이여.
당신의 사랑 말고는 그 무엇도
내 가슴 안으로 들어올 수 없습니다.

행복한 1월

처음이란 신선한 설렘
하얀 여백 위에
소중한 미래의 꿈을
그리려 합니다.

첫눈 위에
첫 발자국을
눈부신 희망으로
살짝 내딛듯이

모두가 같은 선상에서
새롭게 출발하는
시작의 기쁨이
깊은 의미를 줍니다.

첫 단추를
바르게 끼우고
남아 있는 열한 달을
멋지게 채워가는

가슴 부푼 1월
행복한 1월이라
그렇게 불러주세요.

하나님을 향한 눈물

하나님 앞에서
무릎 꿇고 기도할 때,
나도 모르게 억제할 수 없는
눈물이 하염없이 흐릅니다.
하나님 앞에서 흐르는
눈물의 의미는 무엇인가요?
왜 하나님 앞에만 서면,
하염없는 눈물은 멈추지 않는가요?

무릎 꿇고 기도할 때,
나의 자아를 뒤돌아보고
가슴을 찢고 애통합니다.
왜 나는 나의 자아를
완전히 내려놓지 못하고
나의 육신을 완전히 죽이지 못하고
한숨과 애통으로 울부짖으며
회개의 눈물을 뚝뚝 흘립니다.

지금까지 하나님을 위해
기쁘시게 해드린 것이
아무것도 없음을 한탄하면서,
앞으로 하나님 뜻대로
삶을 살아가기를 원합니다.

항상 예수님만을 바라보면서
나 같은 죄인을 불러주신
하나님의 은혜에 대해서
감사의 눈물을 뚝뚝 흘립니다.
예수님을 멀리하고 살아온
나 같은 죄인에게
무릎 꿇고 기도할 수 있게 해 주신
주님께 감사의 눈물을
하염없이 흘리는 것이지요.
나를 변화시켜 주신
하나님의 은혜에 감격하면서.

내가 기도하면서
흐르는 것은 회개의 눈물이요,
나오는 것은 감사의 눈물이요,
용솟음치는 것은 기쁨의 눈물입니다.
오호라, 나는 이제야 알겠네.
날 구원하신 하나님의 은혜는
눈물로 나타나는 것을

마음의 꽃

꽃은
흙과 바람의 기운으로 태어나
햇살과 바람, 물을 먹고 자라고
마음에 피는 꽃은
운명처럼 가슴에 태어나
그리움과 꿈을 먹고 자라났습니다.

처녀 가슴 부풀 듯 꽃이 피면
아름다운 꽃에 반한 벌 나비가 찾아들듯이
마음의 꽃이 피면
신의 향기에 취하여 당신의 뜻을 따라갔습니다.

꽃은
순간의 아름다움을 지키기 위해
바람결에 꽃잎을 떨구고
때로는 대공마저 숙이듯
가슴속에 피어난 마음의 꽃은
안식과 평강을 위해
고통도 시련도 참게 했습니다.

현상계의 꽃이여!
너는 꽃씨를 남기기 위해
바람 몹시 불던 날 마지막 꽃잎 떨구었듯이
마음의 꽃은 아프고 시릴수록

가슴속에 아름답게 피어나
당신의 은총을 느끼게 했습니다.

마음의 꽃이여!
당신은 시간의 흐름에도 변하지 않고
작고 초라한 공간에도 다가와
나의 힘든 손을 잡아 주었고
욕망의 거리로 향하던 발길을
집으로 돌려주었습니다.

마음의 꽃이여!
천상의 꽃이여!
흔들리는 마음 잡아주시고
큰 세계로 인도하소서.

우리 사이에 머무는 사랑

겨울바람 한가운데에서
아직도 슬퍼하고 있는 당신에게
따스한 마음 먼저 손 내밀 수 있기를

주님이 변함없는 사랑으로 다가 왔듯이
어렵고 힘든 나의 삶이지만
먼저 손 내밀 수 있는 따스함을 간직했으면 좋겠네.

깊은 겨울밤에서
내가 먼저 아련한 봄의 희망을 보았다면
당신을 기억하며 손 내밀기를 원하네.

나의 마음과 당신의 아픔 사이에
함께 하는 주님의 사랑이 있기에
우리 모두가 행복한 미소를 가질 수 있네.

주님이 기다리는 것은
나만이 아니라 우리 모두를 간절히 기다리네.

그 섬에 가고 싶다

얼마나 외로워야 사랑을 이룰 수 있을까?
피었다 지는 모든 순간들을 모두어
끝없는 사막의 모래산들을 모두어
밀려올 듯 꿈꾸는 자갈밭 석영 하나 달빛 눈부시다.

얼마나 오랜 시간이 지나야 사랑 하나 이룰 수 있을까?
쟁쟁한 말씀과 약속의 믿음 위에
번제된 비둘기, 번제된 숫양
번제된 나무, 번제된 산과 들.

사랑만으로 빛에서 빛까지 갈 수 있다면
그 절망, 그 허무, 그 죽음, 그 종말
사랑만으로 그것들의 문을 열어젖힐 수만 있다면
사랑은 사막의 샘
사랑은 구원의 거룩한 손이다.

그리하여 그 섬에 가고 싶다.
기차를 타고 비행기를 타고
아니, 바다거북을 타고
영영 돌아오지 않는 시조새가 되고 싶다.

산다는 것

산다는 것은
맺힌 매듭을 푸는 일이다.

그것은 바램이다.
태어나 죽는 날까지
떠오르는 지평을 향해
꾸준히 신발을 고쳐 신는
영원한 바램, 그것이다.

주인 없는 시공時空을 받치고 서서
부모형제와 이웃들.
또 다른 나와의 조우遭遇.

오가다 마주치는 눈길도
희노애락喜怒哀樂의 어느 길목에서
무심코 버린 한숨도
삶을 확인하는 소중한 인연이다.

쉽게 맺힌 매듭도
쉽사리 풀리진 않는 법.
풀리지 않는 매듭을 풀기 위해
더욱 열심히 발버둥 치다보면
어느덧 해는 서산에 구르고
전생前生의 아픔은 조용히 닫히는 것을.

설혹 풀렸달 지라도
보이지 않는 곳에서 더욱 굳게 맺히는 매듭들을
하루살이처럼 시간이나 축내며
자꾸자꾸 풀고 맺는 세상살이.

산다는 건
결국 풀린 매듭을 다시 맺는 일이다.

은총을 위한 기도

숲 속의 호수처럼 지금 이 시간에는
고요한 마음으로 기도하고 싶습니다.
밖으로 밖으로만 자꾸 향하는 마음을
안으로 끌어들일 수 있는
당신의 고요함을 나에게 주십시오.

산처럼 바다처럼
넓은 마음으로 기도하고 싶습니다.
어린 아이와 같은 천진한 마음으로
당신에게 고백하고 싶습니다.

밤새 내리는 흰 눈처럼
당신의 순결한 마음을
나도 지닐 수 있도록
도와주십시오.

좀 더 넓게 용서하고
좀 더 깊게 사랑할 수 있도록
내 마음을 활짝 열어주십시오.

땅과 같은 사람이 되게 하소서

심는 대로 열매를 맺는 땅과 같이
심지 않은 것을 거두려 하지 않는
욕심 없고 깨끗한 마음을 내게 허락하소서.
수고하고 땀 흘린 만큼 돌려주는 땅과 같이
얻은 것만큼 누군가에게 환원하는
정직한 사람이 되게 하소서.

호미질 쟁기질하면 할수록
부드러워지는 땅과 같이
핍박받고 고난당할수록
온유한 성품 갖게 하소서.
모진 풍파 극복하며
새 생명 키워내는 땅과 같이
어려움 속에서도 소망을 잃지 않는
강인한 사람 되게 하소서.

이름 모를 들풀과 잡초에게 조차도
자기를 내어주는 땅과 같이
나를 필요로 하는 모든 이들에게
가슴 넉넉한 사람 되게 하소서.
소리 없이 자기 몸을 가르며
씨앗의 성장을 돕는 땅과 같이
주변 사람의 변화를 돕는
온전한 사랑을 베풀도록 나를 도와주소서.

눈물의 강

삶을 쓰러뜨리는 건
죽음이 아니었다.
삶을 쓰러뜨리는 건 삶이었다.
삶은 뜻 없이 전진했고
죽음은 맹렬히 그 뒤를 쫓아왔다.
깊은 우울증을 앓으며
나는 외로운 섬으로 떠 있었다.

심한 어지럼증으로
걸음도 제대로 걸을 수 없었다.
어찌 살아가야 할지 막막했고,
막막한 순간마다
잘못 살았던
지난날이 아프게 지나갔다.

누구나 한번쯤은
깊은 눈물의 강을 건너갑니다.
떠있는 것인지,
흘러가는 것인지 너무 막막해서
울어도, 울어도 소용없고,
그저 죽고만 싶어집니다.
그러나 그 강을 힘차게 건너가야 합니다.
건너가면 눈물이 무지개로 바뀌고
더 아름다운 길이 보입니다.

제 4부

지금의 나를 사랑하기

사랑하는 자여 네 영혼이 잘됨같이
네가 범사에 잘 되고 강건하기를
내가 간구하노라.(요한삼서 1:2)

어느 대나무의 고백

늘 푸르다는 것 하나로
내게서 대쪽 같은 선비의 풍모를 읽고 가지만
내 몸 가득 칸칸이 들어찬 어둠 속에
터질 듯한 공허와 회의를 아는가.
고백하건대
나는 참새 한 마리의 무게로도 휘청댄다.
흰 눈 속에서도 하늘 찌르는 기개를 운운하지만
바람이라도 거세게 불라치면
허리뼈가 빠개지도록 휜다. 흔들린다.
제 때에 이냥 베어져서
난세의 죽창이 되어 피 흘리거나
태평성대 향기로운 대피리가 되는,
정수리 깨치고 서늘하게 울려 퍼지는 장군죽비
하다못해 세상의 종아리를 후려치는 회초리의 꿈마저
꿈마저 꾸지 않는 것은 아니나
흉흉하게 들려오는 세사의 바람소리에
어둠 속에서 먼저 떨었던 것이다.
아아, 고백하건대
그 놈의 꿈들 때문에 서글픈 나는
생의 맨 끄트머리에나 있다고 하는 그 꽃을 위하여
시들지도 못하고 휘청, 흔들리며, 떨며 다만,
하늘 우러러 견디고 서있는 것이다.

황혼

나이 마흔에도
아름답게 웃을 수 있다면
나이 오십에도
아름다운 사람 하나 곁에 있다면
나이 육십에도
젊은 마음으로 하루하루 살 수 있다면
나이 칠십에도
아름다운 걸음걸이로 걸을 수 있다면
나이 팔십에도
아름다운 모습으로 떠날 수 있다면
저녁에 지는 노을빛도
더욱 더 황홀할 수 있으련만.

잡초에 대하여

눈부신 꽃을 탐하진 않았어도
영롱히 이슬 맺는 풀꽃을 꿈꿔
스스로 몸 낮춰 자라났는데

업신여겼는가.
누군가 다가와 침을 뱉는다.

짓밟힌 온 몸에는 상처투성이
섧디 설운 그 곳에 아픔 맺히어
눈물 삼킨 세월 지켜
꺾인 무릎 세워가며 살아온 날들이
풀 섶에 아롱진다.

이제 깊은 가을 물들어
서녘 하늘 향해 고개 숙일 때

가슴 속 새겨놓은 비문이 있어
한 시절
초록빛 여명 어둠을 밝혀
아름다운 세상 살았노라고

지금의 나를 사랑하기

만일 자신을 용서하고
자신을 사랑하지 않으면
당신은 자신의 아름다움만
알지 못하는 것이 아닙니다.

청명한 하늘,
반짝이는 별의 감동,
숨 쉬는 것의 경이로움,
바람의 수목과 속삭이는 설렘,
꽃들의 화려한 외출,
비오는 날의 포근함 등
당신을 둘러싼 모든 사물의
아름다움도 보지 못합니다.

물론 친구와 부모 형제,
그리고 주위 모든 사람들의
아름다움도 알지 못한 채
세월을 보낼지 모릅니다.

사순시기의 침묵

사순시기의 회개는
복된 삶으로 들어가는 문입니다.
당신이 나의 모든 삶에 일일이 간섭하신다는 것을
깊이 깨닫는 아주 중요한 시간입니다.

이제부터는 당신의 사랑을
스스로 발견해야 하고 경험해야 합니다.
바로 여기에
나의 미래와 희망이 달려 있습니다.

당신은
나의 기도와 희생을 요구하십니다.
나의 지식으로는
당신에게 도달할 수 없습니다.

그러나
사랑의 기적을 깨닫는 것은
끝없는 축복입니다.
당신이여.
끊임없이 이어지는
나의 기도와 회개를 받아 주십시오.

퇴영적인 삶

하나 둘 셋 넷
힘차게 구령에 맞추어
앞으로 가면
지구는 둥그니까
온 세계 친구들을
다 만나고 오겠네.

동요처럼
운동을 하면
할수록 진취적이어야 하건만

아뿔싸
나는 운동을 하면 할수록
퇴영적이니
어찌 하리야.
어찌 하리야.

하나님도 못 들어 주시는 기도

전능하신 하나님께서
인간이 하는 기도는
다 들어주시지만

하나님도 들어 주고 싶어도
못 들어 주시는 기도가 있다네.

운동을 하지 않고
'건강하게 해 주소서'
하는 기도는

하나님도 들어 주고 싶어도
못 들어 주신다네.

내 평생 살아온 길

나 당신만을 그리며 살아왔는데
나 당신만을 기다리며 살아왔는데
남은 건 텅 빈 가슴뿐.
망가진 이 마음엔 피멍이 들고,
쓰라린 마음에는 한숨만 서리네.
에라. 두 번 살 수 없는 인생
앞으로나 잘 해봐야지.
이제는 저 하늘에 별이나 되어라.
나는 너무나 당신만을 사랑하고 기다렸나봐.
한숨으로 얼룩진 이 마음을
달래며 침묵으로 일관하고 살아갈까봐.
이 텅 빈 가슴을 채워줄 사람
어디 가면 찾을 수 있을까, 어디엔가 있을까?
가슴속 깊이 끌어 오르는 이 슬픔은,
무엇이 이토록 이 가슴을 쓸어 훑고 가는가?
찬바람은 옷깃을 여미게 하고,
우리 이제 그만 잊어요.
두 손을 꼭 잡고 사랑을 함께 했던,
모든 시간들을 잊어요.

일과 예배

일주일 중 하루는
일의 바퀴가 꺾이고 멈춰야 한다.
24시간 동안은 바퀴와 모터가 멈춰야 한다.
멈춰야 한다.

각 사람은 그림자같이 다니고
헛된 일로 소진하며 재물을 쌓으나
누가 거둘지는 알지 못하나이다.
우리의 인생이 대개 그렇다.

당신의 인생도 그런가?
도통 한 곳에 머물러 있지 않아
친구들이 당신을 그림자 취급하는가?
늘 분주하고 쏘다니느라
가족들이 당신의 생사를
모르는 지경에 이르렀는가?

믿음이 줄어드는 데도
그저 미친 듯이 바쁜 자신이
자랑스럽기만 한가?
속도를 줄이라.
하나님이 명령하셨으니 그래야 한다.
예수님이 본보기로 보이셨으니 그래야 한다.
하루는 일손을 놓고 예배하라.

회개의 기도

저는 건강에 실패하였습니다.
실패자를 찾아오신 예수님,
베드로가 예수님의 말씀을 믿고
많은 고기를 건졌던 것처럼
저는 잃었던 실패를 딛고 일어서렵니다.
예수님께서 베드로를 도왔던 것처럼 저를 도와주소서.
눈물로 간청하오니 저를 악에서 건져주소서.

저는 아무데도 갈 수가 없습니다.
저희 묶인 건강을 풀어주소서.
놀라운 치유의 역사를 행하소서.
저의 간증을 듣고 많은 사람들이
예수님을 구세주로 영접하게 하소서.

우리가 매일 죄를 짓고
게으르고 감사할 줄 모른다 할지라도
주여, 그럼에도 불구하고
우리의 하나님으로 머물러 주시어
친절과 호의를 베풀어 주셔서
평화와 성령의 기쁨 가운데 사로잡히게 하소서.

구절초

구절초 피어난
가을 언덕에
어머니 호미 들고
걸어오신다.

하늘빛 머금어
더욱 청초한 꽃

어깨를 스치운
삽상한 바람이

눈부신 햇살을 비집고
언덕을 넘어간다.

하느님을 닮고 싶어

하도 님을 닮고 싶어
저는 이런 제목을 써놓고 앉아
그것이 철철 흐르는 눈물임을
살폈습니다.
더 갖고 싶은 욕심을
더 쉬고 싶은 심정을
저는 이에 부족한 것으로
닮고 싶습니다.
가진 것 따로 없어도
따뜻한 심정으로 님을 닮고 싶습니다.
능력이 부족해도 최선을 다하는
땀방울로 님을 닮고 싶습니다.
못났어도 우울해 하지 않고
넉넉함으로 님을 닮고 싶습니다.

하도 님을 닮고 싶어
저는 맨 무릎이 까져라
자갈밭에 꿇어앉아
님의 이름을 목 놓아
외쳐보기도 하였습니다.
님의 주소를 안 날, 저는 설레임에
잠을 못 이루고
모두가 감사임을 돌이켜 울먹였습니다.
그리고 보다 편안함보다는

보다 나은 고통을 선택함으로
님을 닮고 싶습니다.

제 5 부

아름다운 삶이고 싶다

항상 기뻐하라, 쉬지 말고 기도하라, 범사에 감사하라
이것이 그리스도 예수 안에서 너희를 향하신
하나님의 뜻이니라.(데살로니가전서 5:16~18)

아름다운 삶이고 싶다

맑은 이슬을 잔뜩 머금고
싱그러움으로 다가온
이름 모를 들꽃같이
그 자리에 있는 것만으로도
아름다운 모습이고 싶다.

어색한 속내 드러내지 않고
어울리지 않는 치장하지 않고
있어야 할 자리 지키면서
해야 할 일하면서
분수를 아는 아름다운 삶이고 싶다.

산골 소식을 전해 주면서
낮은 곳으로만 찾아온
순리를 아는 물과 같이
흐르는 길 있는 것만으로도
감사하는 모습이고 싶다.

오만한 자리 앉지 아니하고
악한 자의 꾀를 좇지 아니하고
가야할 길 마다하지 않고
섬기는 일하면서
행복을 찾는 아름다운 삶이고 싶다.

* 《시와수상문학》 2011. 여름호 p. 189

장애인의 삶 7주년을 보내며

뜻밖의 교통사고로
장애인이 되었으니
지금까지 살아온 것이 기적이요
앞으로 살아갈 일도 기적이라네.

2004년 1월 17일
뜻밖의 교통사고로
장애인이 되었으니
2011년 1월 17일로
만 7년이 되었네.

지금까지 살아온 것이 기적이지만
앞으로 살아갈 일도 기적일 뿐이오.
남들은 운동으로
나의 장애를 극복하라고 하지만
말이야 쉽지
그게 어디 말처럼 쉽게 되겠는가?

비록 그럴지라도
나는 앞으로 남은 길을
나의 주 예수님과 함께 가면서
하나님 영광을 위해
굳세게 살리라.
재활의 승리를 위해
굳세게 살리라.

겨울나기

아무리 밉다 곱다 해도
된서리에 쪼그라들어
비굴해진다 해도
뿌리 하나만큼은
꿋꿋이 뻗치고 있으니
또 어찌어찌
견디게 되겠지
오롯이 살아지겠지
혹독한 겨울을 딛고
한 치라도 더 파고들어
이 세상
한 줌 흙이라도 되겠지

꿈을 현실로

내가 지불평地不平이 되어
바람 앞 촛불처럼 가물거릴 때
제2회 충남장애인생활수기에서
대상을 타 문학의 기틀을
마련하게 하였으니
내 인생의 칠전팔기七顚八起가 아닐 수 없네.

나는 나에게 주어진
은사를 사용하여 남은 삶을
영화롭게 하리라고 마음먹었다.
그 결과 논산문화원에서 주최한
가족 백일장에서 시 부문 장원을 하였으며
지용 백일장에서 시 부문 입상을 하였으며
급기야 올해엔 詩와隨想文學에서 신인상에 추천되었다.

부정적인 사람은
호기를 놓치지만
긍정적인 사람은
역경을 성공 기회로 잡는다고 하였으니

올 곧은 정론
삶의 질 향상
통합된 사회를
창간정신으로 하는
충남장애인신문이여 영원하라.

믿음

주여
제게 믿음을 주소서.

매일 매일의 사명을 다할 수 있도록
평온한 마음을 주시고
주의 길을 갈 수 있도록
손을 붙잡아 주소서.

모든 것 가운데서
당신을 찾을 수 있는
고요한 마음을 주소서.

주께서 원하시면
어디든지 갈 수 있는
순전한 영혼을 주소서.

미래는 주께서 주신
소중한 선물
주의 사랑을 믿기에
두려움 없이 그 앞으로 나아갑니다.

오늘도 믿음으로 승리하는
아름다운 날이 되기를
주님의 이름으로 기도합니다.

선탈蟬脫

뜨겁게 한철을 울던 매미소리도 잦아들었다.
여름이 서서히 가고 있음이다.
도시의 매미소리에 대한 낭만은
이미 소음으로 바뀐 지 오래.
마치 톱질하듯 사뭇 시끄럽다.
그러나 약 칠년을 땅속에서 유충으로 있다가
땅위에서 허물을 벗고 열흘간
뜨겁게 살고 가는 매미의 일생이다.

매미의 유충이 허물을 벗는 것을 선탈이라고 하는데
이때부터 성충으로서의 매미의 삶이라 할 수 있다.
사람은 수명이 길어져서 이제 백수를 논하는 시대다.
단 열흘간이라는 매미의 삶.
그들의 하루는 인간 삶의 십년이라 할 수 있다.
그만큼 처절하게 살고 가는 셈이다.
여태 우리가 벗어나지 못하는 낡은 사고, 낡은 생활태도도
매미가 허물을 벗듯 과감히 벗어날 필요가 있음을 배운다.

인생은 구름이며 바람이어라

누가 날더러 청춘이
바람이냐고 묻거든
나 그렇다고 말 하리니
그 누가 날더러 인생도
구름이냐고 묻거든
나 또한 그렇다고 답하리라.

왜냐고 묻거든 나 또 말하리라.
청춘도 한번 왔다 가면 아니 오고
인생 또한 한번가면 되돌아 올 수 없으니
이 어찌 바람이라 구름이라 말하지 않으리오.

오늘 내 몸에 안긴 뜨거운 여름 바람도
내일이면 또 다른 바람이 되어
오늘의 나를 외면하며 스쳐 가리니
지금 나의 머리 위에
무심이 떠가는 저 구름도
내일이면 또 다른 구름이 되어
무량세상 두둥실 떠가는 것을

어느 날 세상 스쳐가다가
또 그 어느 날 홀연히 사라져 가는 생을 두고
누가 날더러 청춘이 바람이냐고 묻거든
나 그렇다고 말하리라.

전도사에 임직하며

전도사는 모름지기
돌봄의 영성이 충만해야 하며
무엇보다도
구원의 확신이 있어야 한다.

기러기가 날갯짓으로
뒤에 따라오는 동료를 도와주고
죽음으로 생을 마감할 때까지 함께 지키다
무리로 다시 돌아오는
기러기의 리더십처럼
돌봄의 영성이 충만해야 한다.

아브라함의 순종과
모세의 온유함과
욥의 겸손함으로
이 모든 일을 감당할 수 있도록 하시고,

건강과 지혜를 허락하시고
돌봄의 영성이 충만하여
주의 지경을 확장하는 일에 참여하는
영광을 허락하여 주소서.

죽으나 사나
나는 주의 것이오니

나의 온 몸을 드리어
신실한 주의 종이 되게 하소서.

모쪼록 성경의 핵심은 이신칭의以信稱義이니
주여 나로 하여금
오직 믿음으로 구원받게 하소서.

한 그루 나무로 서 있기까지

몸 부풀이고 키를 높이며
하늘 우러러 팔 벌려
찬가를 외쳐 부른다.

촉수를 틔우고 뿌리를 내리며
시나브로 하늘 향해 오른 세월
허리춤에 감추고
춘하추동 하늘 뜻에 순리로 따르며
헐벗고 입기를 거듭한 인고의 세월

강인한 의지와 인내 없이 어찌
한 그루 나무로 설 수 있었으리.
그것은 곧
너의 지순한 신앙이어라.

무수한 세월 한 곳에서
말없이 키를 높인
숭고한 거목의 위대함을 본다.
초라한 나 자신의
세월을 되돌아본다.

이 비 그치고 나면

이 비 그치고 나면
나는 진흙더미에서 곱게 피어나는
아름다운 연꽃이고 싶다.
더러운 마음 말끔히 씻어내고
해맑은 웃음 지으며
푸른 하늘 아래 고운 미소 띠고 싶어라.

이 비 그치고 나면
나는 미움 사라진 선한 마음으로
오직 당신만을 사랑하고 싶다.
구름사이 해맑게 웃는 해님처럼
가슴에 가득한 근심 걱정
말갛게 씻어낸 상큼한 모습이고 싶어라.

아! 이 비 그치고 나면
높고 푸른 하늘 훨훨 날아가는
한 마리 학이고 싶다.
고고한 몸짓으로 임을 부르고
넓은 날개로 감싸주고 품어주어
언젠간 이루어지는 꿈을 안겨주고 싶어라.

갓바위 전설

아버지 바위
아들 바위

목포 바닷가에
나란히 서있는 전설의 갓바위

바다 물속에 빠진 아버지 관이
떠오르기를 기다리다 지쳐

아버지와 아들은
바다를 바라보다 바위가 됐다.

슬픈 전설을 먹음은
목포의 갓바위

사람들은
오늘도 갓바위 전설을 찾아서 오는데

갓바위
父子 바위는 슬퍼 말을 못하나

전설을 아는 저 갈매기
끼럭 끼럭 바다 위를 날고 있다.

커피 한 잔의 행복

맛있는 커피를 마실 때
난 행복하다.

혀가 있다는 것은
내가 살아 있다는 것
온몸이 있다는 것

눈이 있다는 것은
내가 살아 있다는 것
온몸이 있다는 것

그대 있어
이 세상 살아야 할 이유되거늘

제 6 부

도전하리라

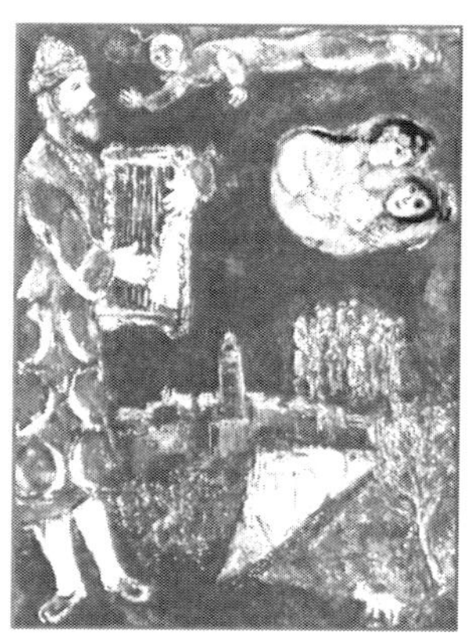

두려워하지 말라. 내가 너와 함께 함이라.
놀라지 말라. 나는 네 하나님이 됨이라.
내가 너를 굳세게 하리라. 참으로 너를
도와주리라. 참으로 나의 의로운 오른손으로
너를 붙들리라.(이사야 41:10)

둘레길에서

지리산 둘레길에서
산책을 하며
길가에 자라있는
시누대를 꺾다.

그 옛날
붓대, 화살대, 대바구니, 복조리 등을 만들던 시누대
시누대가 그대로 있으면 자연물이지만
사람의 손을 거쳐 붓대를 만들면
인적 공예품이라네.

내가 꺾은 시누대가
자랑스런 인적 공예품이 되도록
나, 나, 나는
이 세상 끝 날까지
쉬지 않고 작업하리라.

들꽃처럼

뭇 나그네 발길에 이리저리 짓밟혀도
아프다 소리 내어 울지 못하고
흙 가슴에 뿌리박고
홀로 피고 홀로 지는 들꽃처럼
이슬 눈물 머금고
먼발치에 서 있는
당신을 바라보며 꽃잎 달싹입니다.

먼 훗날 당신이
가시덤불 속에 묻혀 있는
나를 잊지 않으시고 찾아오신다면
빗물처럼 후드득 떨어지는 꽃일지언정
뽀얀 향기 보드라운 바람에 날리며
방안 가득 꽃등 밝혀놓고
당신을 맞이하겠노라.

어느 길을 가든

포장된 평탄한 길을 달려온 사람의
굴곡 없는 행운 같은 이야기보다
우여곡절이 많은 울퉁불퉁한 길을
힘겹게 걸어온 사람의 모험담이
더 흥미로운 법이다.

울퉁불퉁한 길을 걸어온 사람의 모험담이
더 가슴에 와 닿으면서도
잘 포장된 길로 평탄하게 가고 싶은 게
속마음이기도 하다.

그러나 삶의 길은
때로 선택의 여지가 없어
어느 길을 가든
최선을 다하는 수밖에 없다.

이 또한 지나가리라

세상 속에 고된 나의 하루도
나의 삶이 허물투성이라도
내 손을 잡아준 사람
나와 같은 고통의 길을 걷고
같은 꿈을 바라봐 주는 믿음

끝없는 폭풍 속을
이 거친 파도 속을
뛰어들 자신이 있어.
눈물도 초라함도
이 또한 지나가리라.

내 마지막까지
해낼 수 있다는 마음과
넘어지고 일어서는
말 없는 그 강인함으로
칼날 같은 길 위에 서 있어도
이 또한 지나가리라.

너와 함께
내 마지막까지
너와 내 삶의 끝까지

가시나무에게

네가 가시나무가 되어 찌르고
엉겅퀴처럼 할퀼지라도
난 구름이 되리.
난 바람이 되리.

쓰면 약이 되고
달면 즐거움이니
쓰면 쓴 대로
달면 단대로 사는 게지.

길다 짧다 할 것도 없네.
즐거우면 짧고
괴로우면 긴 것
돌아본 세월
짧았다 생각되면
그래도 괜찮은 거야.

사랑하고 살아도 아쉬움뿐인데
아파하고 미워하다 끝나면
얼마나 억울해?
남은 생 몇 발자국이나 될까.

가을 입구

한없이 퍼붓던
장맛비 소리도 그쳐
청포도 알알이 분칠을 하고

여름밤을 참지 못한 능소화
불그레 얼굴 달아오른 채
담을 타고 넘는 대낮

하늘엔 뭉게구름
유유자적 흐르고
배롱나무 꽃 분홍 나비로 날아

매미 고래고래
여름 붙잡는 악다구니
연잎 위 청개구리 푸른 낮잠을 깨워
내 마음도 어느새 가을을 낚고 있다.

가지 않은 길

길은
처음부터
있지 않았다.

누군가
그 길을 지나갔기에
길이 생긴 것이다.

아무도 가지 않은 길
미지未知의 길
그 길을 나는 가리라.

그 길을 개척하여
마침내 승전가를 부르며
선구자先驅者를 노래 부르리라.

* 《기독교문예》 2015, 제10호 p. 71

감사기도

우리는 온 마음으로
감사하는 법을 배워야 합니다.
그럴 때
하나님은 감사하는 사람에게
더 감사할 일들을
베풀어 주시기 때문입니다.

이처럼 감사가 감사를 낳습니다.
감사가 기적을 가져옵니다.
우리의 입술과 마음으로
하나님께 감사할 때
하나님이 우리에게
형통한 은혜를 허락하십니다.

나의 마시멜로

집을 나서 충남공무원교육원 사무실까지,
충남공무원교육원 사무실을 나서 집까지.
집사람의 차로 출퇴근하는 시간제계약직
충남공무원교육원 뒤로 난 산책길
이 길이 나의 산책 길.
나는 앞으로 이 길을 마시멜로 길이라 칭한다.

세 개의 마시멜로.
게을러지는 육체를 가다듬기 위해 출퇴근하니
건강을 위한 첫 번째 마시멜로일 거고,
길을 걸으며 다양한 삶의 모습들을 관조하고 생각을 가다듬으며
사색할 수 있는 기회를 가지니 두 번째 마시멜로이고,
맛있는 식사로 건강을 챙길 수 있으니
절약의 마시멜로이다.

축적되는 건강과
쌓여가는 사고는 색즉시공이지만
쌓여가는 돈은 공즉시색이겠지.
마시멜로 박스를 만든다.
목표가 생겼으니 오래 지속될 것 같다.
집사람의 차로 출퇴근하는
시간제계약직 '마'급의 공무원.

* 《기독교문예》 2015, 제10호 p. 72

내 딸 은진 양에게

공무원교육원의
5기 신규반 교육생 중
내 딸 같은 사람이 있으니
이름 하여 엄은진 양이라네.

자료실의 출입문을
유리문으로 바꾸고
파워포인트로
마음의 안식처
환영합니다. 커피 한 잔의 여유
라고 새겨 붙이고

1교시가 끝날 무렵
차 한 잔 마시러 오세요.
라고 문자를 보내면
그녀는 곧잘 와
생강차를 마시고
도서관리 프로그램 KOLAS 2를
친절히 알려주었네.

내 딸 은진 양이여,
지금 가더라도
부디 날 잊지 마오.
앞으로 더욱 정진하여

충청남도 사서계에서
크게 쓰임 받는 사람이 되기를.

* 《기독교문예》 2015, 제10호 p. 73

세한도歲寒圖

충남공무원교육원 자료실에
걸려있는 세한도歲寒圖
나는 몰랐네.
국보 180호로 지정된 그림이라는 것을
어려울 때 찾아오는 사람이 진짜인 것을

추사 김정희 선생이
제주도 유배 중일 때
천만리 타국에서 귀한 서적을
구해다준 제자 이상적에게
송백松柏과 같은 사람이라며
이를 표현한 세한도歲寒圖

인생을 살면서 고난이 없으면 좋으련만
고난은 누구에게나 찾아오는 것
정도의 차이가 있을 뿐
사람마다 고난의 보따리를
가슴 속 깊이 품고 있어서 보이지 않을 뿐

인생이 살 만한 가치가 있는 이유는
고난 중에도 소나무와 잣나무처럼
용기와 격려를 잊지 않고 찾아오는
사람이 있는 까닭이니
오늘날에도 공자가 던진

세한연후歲寒然後
지송백지후조야知松柏之後凋也는
더욱 가슴을 파고드는 명언이라네.

풀꽃

아가 손톱만한
이름 없는 풀꽃 하나

인적 드문 곳에서
온몸으로 웃고 있다.

삶은 많이 고달파도
삶은 더없이 아름다운 거라고

말없이 소리 없이
얘기하고 있다.

나도 한 송이
풀꽃으로 살아야겠다.

그저 나만의
빛깔과 모습으로

세상의 어느 모퉁이
한 점 무명無名한 풍경으로

조용히 피었다
총총 사라지고 싶다.

■ 해설

맑은 영혼이 전하는 울림

시인 **권선옥**

내가 백승철 시인을 알고 지낸 지는 꽤 오래 전부터이다. 백 시인은 지역에서 열리는 백일장 등 여러 군데에서 문학적 재능을 인정받고 있었다. 그런 그에게 나의 관심이 쏠리는 것은 당연한 일이었고, 그가 교직에 있다가 불의의 교통사고를 당했다는 것도 알았다.

얼마 전에 백승철 시인이 시집을 낸다고 원고를 보여 주었다. 백 시인이 시를 쓰고 있다는 것은 진작에 알고 있었지마는 한 권의 시집을 엮을 정도로 시를 열심히 썼다는 것에 놀랐다. 십 년 넘게 글을 쓰면서도 책 한 권을 내지 못하는 문인들이 허다하다. 나태주 시인은, 〈시집은 시인의 집〉이라고 말씀했다. 백 시인은 이제 시인으로 이 세상에 한 채의 집을 마련하여 집에 드는 것이다. 따라서 한 시인이 시집을 낸다는 것은 많은 사람들로부터 축하를 받을 일이다. 세상에 어느 것 한 가지인들 쉽게 이루어지는 일이 있을까마는 시집을 엮기까지의 과정이 매우 힘들기에 하는 말이다. 동병상련이라고 필자가 시를 쓰고 있기에 한 편의 시가 완성되기까지의 고통을 잘 이해하고 있어서일 것이다.

시를 쓰는 사람들을 두 가지로 나누어 볼 수 있다. 첫째로는 시 쓰는 일을 멋스럽게 여겨서 〈시인〉이라는 모자를 쓰고 멋을 부리고 싶은 사람들로 많은 시인들이 여기에 속하는 것 같다. 둘째로는 시는 종교와 같은 것이어서 시를 통하여 자신과 세상, 자신과 절대자와 소통하며 영혼이 구원받는 사람들이다. 내가 보는 백 시인은 후자에 해당하는 시인이다.

● 그의 시에는 삶이 진하게 녹아 있다.

백승철 시인의 시가 가지고 있는 몇 가지 특성을 살펴보고자 한다. 첫째로 그의 시에는 현실적인 삶이 진하게 녹아 있다. 그의 시는 사소한 일상사들에서 출발한다. 어느 하루 동안에 겪게 되는 일이, 어떤 사람에게는 아주 평이한 일로 치부될 일이 한 편의 시로 빚어진다. 이는 그의 시가 읽는 사람들에게 쉽게 전달되는 효과를 가져 온다. 나는 시가 표창(鏢槍)처럼 작으면서도 단단하고 예리한 것이어야 한다는 시관(詩觀)을 가지고 있다. 그렇지만, 시가 공허한 말장난으로 독자에게 제대로 전달되지 않는다면 존재 의미가 희미해진다고 또한 생각한다.

나는 어제 밤새 울었네.
나의 죄가 얼마나 크면 이런가 하고.
밥으로 미네자임과 에스엠비엔 자임과
에스바디 식이음료를 먹지만 허기만 질 뿐,
속이 자꾸 꾸굴 소리만 난다네.
아내는 그것이 명현반응이라고 했지만
도저히 이해할 수가 없네.
집사람은 시청 앞으로 집을 보러 가고 없다네.
나는 어제 밤새 울었네.
나의 죄가 얼마나 크면 이런가 하고.
침대에 누워 울다가 발이 저려 또 울었네.
아내는 그것이 명현반응이라고 했지만
나의 독소는 발로 빠져나가는 것인가

도저히 알 수가 없네.

—「병상록」 일부

이 시를 읽으면서 나는 눈물이 맺혔다. 인생의 진솔함, 애절함이 가득 담겨 있는 때문이다. 한 편의 시를 읽고 나서 아무런 울림이 없다면, 그것은 좋은 시가 아니다. 좋은 시는 읽으면서 쭉쭉 앞으로 나아가지 못하고, 제자리을 맴돌게 하고, 책장을 덮고 한참씩 그 여운에 몸을 떨게 한다.

• 그의 시에는 감사와 기도가 들어 있다.

둘째로 그의 시에는 절대자에 대한 감사와 간절한 기도가 들어 있다. 나는 앞에서 시가 절대적 존재와의 소통하는 통로라고 하였다. 백승철의 시에는 이런 특성이 강하게 나타나 있다. 첫째 특성이 현실적이라고 하였는데, 백 시인은 이런 일상적 생활을 통해서 끊임없이 성찰하고 감사하고 기도한다. 심지어 장애를 가지고 있는 자신의 육체적 어려움에도 감사한다. 그 감사의 대상은 가까운 곳에서 함께 생활하는 가족이나 이웃이기도 하고, 때로는 절대적 존재이기도 하다. 또 그는 감사하는 데에서만 그치지 않고 어떻게 하면 누군가에게 도움이 될까를 생각한다. 그리고 그를 실현할 수 있기를 간절히 기도한다. 여기서 우리는 한 영혼에서 아름다움을 발견하고, 그에 대하여 찬양하게 된다.

세상에서
빛과 소금이 되기 위해서는
어둠을 비치고
물속에서 녹아져야만 합니다.
그것이야말로
이 세상에 나를 보내신

예수님의 기대입니다.

오, 주여!
나를 이 세상에서
빛과 소금이 되게 하소서.
어둠을 비치고
물속에서 녹아져서
제 가치를 갖게 하소서.

그리하여
이 세상에 나를 보내신
예수님의 기대에
어긋나지 않게 하소서.
물속에서 녹아지는
아픔을 견디고서
제 맛을 잃지 않기를 원합니다.
부디 쓰임 받기를 원합니다.

—「녹아지는 아픔」 전문

● 그의 시에는 감동이 있다.

셋째 그의 시는 문학적으로 상당한 성취를 이루고 있다. 물론 이것은 엄밀한 의미에서 특성이라고 할 수도 없는 일일지 모른다. 그럼에도 불구하고 나는 여기서 하나의 특성으로 지적하고자 한다. 그 까닭은 시인들이 각고의 노력 끝에 완성한 시를 모아 시집을 내지만 문학적으로 성공한 시를 찾아보기가 쉽지 않은 일이다. 그러나 백 시인의 다음과 같은 시는 읽는 사람에게 큰 감동을 준다.

그의 시 대부분이 종교적인 색채를 강하게 띠고 있는데, 그런 흐름이 문학적인 성공을 저해하는 요소로 작용하고 있다고 본다. 문학적 성취가 높은 시들은, 종교적 색채가 옅은 시집의 3부 〈아름다운 인생〉과 4부 〈나에게 주는 선물〉에서 많이 찾을 수 있다. 이 말은 그가 일상적인 소재들을 심심파적으로 시라는 형식을 빌려 표현하는 것이 아니라 시에 대한 진정성을 가지고 있다는 점을 밝혀 두고자 하는 것이기도 하다.

● 그는 하느님 가까이에 있는 사람이다.

백 시인은, 그가 서문에서 말하고 있는 것처럼, 제자를 가르치는 일을 보람으로 생각하던, 장래가 촉망되는 신예 교사였다. 그러던 그에게 갑작스런 사고가 발생하고, 육신의 자유를 제한받게 되고, 그러면서도 감사하고 봉사하는 삶을 살고자 노력한다. 그와 그의 삶에 대하여 생각하다가 '하느님이 그를 매우 아끼시는가 보다.'라는 생각했다. 그리고 내가 오래 전에 쓴 시를 다시 떠올렸다.

> 하느님은
> 사랑하시는 사람에게 상처를 주시어
> 그 곁에 늘 잡아 두신다.
>
> — 권선옥 졸시 「상처」 전문

백승철 시인은 이제 새 집을 갖게 되었다. 이 집을 통하여 더 많은 새로운 집을 지을 것이다. 그리고 그는 시를 통하여 세상과 절대자에게 깊이 하며, 구원을 얻게 될 것으로 믿는다. 그는 시집을 상재하는 것을 계기로 육체가 더욱 강건해지고, 영혼이 더욱 맑아질 것이다. 그리고 또 나는 문단에 앞서가는 한 사람으로서, 그가 문학적으로도 더 많은 성취를 이루어 시인으로서도 뚜렷한 족적(足跡)을 남기기를 소망한다.

■ 추천의 글

존재의 자각, 그리고 간절한 신앙고백

숭실대 교수·한국문예연구소장 **조규익**

조물주는 인간에게 영혼과 육신을 허락했으나, 영혼에 비해 육신은 덧없고 허망하다. 대부분의 인간은 영적으로 성숙되기 이전에 육신을 잃고 만다. 인간의 삶을 이끄는 주체는 영혼이고, 그 영혼의 완성이나 구제는 신의 영역이다. 육신은 욕망의 근원이므로 육신에 집착하는 자에게 '육신은 굴레(bondage)'일 뿐이라는 것이 철학자 스피노자의 말이다. 과연 인간은 육신의 욕망을 탈각하고 정결한 영혼의 세계에서 노닐 수 있을까. 그래서 우리는 신의 손길을 갈망한다. 신의 손길만이 절망의 나락에 빠진 인간을 구할 수 있기 때문이다. 그럼에도 머지않아 닥쳐 올 심판의 시간을 외면한 채 육신과 욕망의 노예가 되어 방황하는 인간들의 어리석음을 보라.

지금 이 순간, 시인 백승철의 신앙고백이 눈물겹도록 귀하다. 그는 몸을 불사르며 영혼의 완성을 간구하는 삶을 살고 있다. 그래서 그의 삶은 구도자의 그것이고, 그의 시는 편편이 신앙고백이다. 종교 역사 상 가장 뛰어난 신앙고백 〈사도신경〉의 핵심을 그의 시에서 발견한다. 전능하신 조물주와 그의 독생자 예수 그리스도에 대한 믿음, 빌라도의 박해 속에서 육신의 감옥을 벗어나 성령으로 임재하시는 예수 그리스도에 대한 믿음, 조만간 도래할 심판과 영생에 대한 믿음 등등. 그래서 그는 필사적이면서도 의연하다. '박해의 쓴 잔'을 물리치지 않고 부활의 기적을 보이신 예수님만 바라보기 때문인가. 그 역시 육신을 짓부순 고통에 좌절하지 않고 영혼의 완성에 매진한다. 육신보다 영혼의 불멸을 믿기 때문일 것이다. 영혼의 구원에 대한 믿음이 그로 하여금 육신의 굴레를 간단히 뛰어 넘을 수 있도록 했을 것이다. 내뱉는 그의 말들 모두가 절절한 신앙고백인 것도 그 때문이다. 말하자면 〈사도신경〉의, 아니 성서 자체의 패러프레이즈라 할 수 있을 것이다. 예수님의 삶을 우러르며, 스스로의 삶 갈피갈피 묻어나는 고통과 회한을 순화시켜 가는 구도자의 고백이다. 그것이 바로 백 시인의 시편들이다. 다음과 같은 그의 시는 얼마나 처절한가.

아무리 밉다 곱다 해도
된서리에 쪼그라들어
비굴해진다 해도
뿌리 하나만큼은
꿋꿋이 뻗치고 있으니
또 어찌어찌
견디게 되겠지
오롯이 살아지겠지
혹독한 겨울을 딛고
한 치라도 더 파고들어
이 세상
한 줌 흙이라도 되겠지

—「겨울나기」 전문

우리는 흔히 '겨울나기'를 '월동(越冬)'이라 말한다. 그러나 나에게는 그 두 말의 내포가 사뭇 다르다. 어쩌면 우리가 심상하게 일컫는 '월동'이란 겨울을 뛰어넘은 그곳에 '당연히 기다리고 있을 봄'을 상정하거나 기대하는 말인지도 모른다. 그러나 백 시인의 '겨울나기'는 절망의 심연 그 자체다. 절망에 빠져 허우적대면서도 '어떻게 견디게 되겠지'라는 실오리만한 희망을 가져보기로 한 것이다. 매서운 추위에 줄기와 가지는 얼어 죽어도, 뿌리는 남아 있기에 나무는 새로운 부활을 꿈꿀 수 있는 것 아닌가. 그래서 결국 '이 세상 한 줌 흙'이라도 될 수 있을 거라는 희망을 가져보는 것이다. 그 희망은 믿음이다. 절망의 심연에 빠져 본 사람 만이 희망의 소중함을 알 수 있다. 백 시인은 지금 빠져 나오지 못할 줄 알았던 지난 시간대의 '모진 겨울'을 회감(回感)하고 있는 것인지도 모른다. 백 시인의 그 희망이 도타운 신앙의 심지가 되어 커다란 횃불로 타오르고 있는 모습을 이 시는 내포하고 있다.

학창 시절의 백 시인은 과묵했다. 말을 걸어도, 빙긋 웃을 뿐 끝내 말문을 열지 않았다. 대신 그의 말은 시가 되어 나왔다. 누에고치에서 비단실 풀려나오듯 그의 시들은 늘 빛나고 단정했다. 교단생활을 거치며 인간에 대한 관심으로 시의 폭은 넓어졌고, 신을 발견하면서 신앙고백으로 상승했다. 자아성찰을 바탕으로 신을 바라보는 그의 시안(詩眼)이 견고하다. 흡사 〈사도신경〉을 자신의 말로 풀어내려는 듯 그의 필치는 거침이 없다. 신의 존재를 발견하게 되었고, 결국 신을 의지하게 되었기 때문이다. 인간은 고통을 통해서만 성장할 수 있고, 고통 속에서만 신에게 다가갈 수 있는 존재라는 사실을 그에게서 확인한다. 고민과 고통 속에 허우적대본 경험이 있는 사람이라면, 백 시인의 시를 읽으며 막힌 가슴을 뚫어볼 일이다.

2015.12.30.

아름다운 삶이고 싶다

백승철 시집

발 행 일 | 2016년 01월 15일 1쇄
2022년 03월 08일 2쇄
지 은 이 | 백승철
발 행 인 | 李憲錫
발 행 처 | 오늘의문학사
출판등록 | 제55호(1993년 6월 23일)
주 소 | 대전광역시 동구 대전로 867번길 52(삼성동 한밭오피스텔 401호)
전화번호 | (042)624-2980
팩시밀리 | (042)628-2983
홈페이지 | http://www.lito77.co.kr(홈페이지)
전자우편 | hs2980@hanmail.net

공 급 처 | 한국출판협동조합
주문전화 | (070)7119-1741~2
팩시밀리 | (031)944-8234~6

ISBN 978-89-5669-732-1
값 8,000원